我
们
一
起
解
决
问
题

中小学校园欺凌行为预防与矫正

张云斌 著

人民邮电出版社

北　京

图书在版编目（CIP）数据

中小学校园欺凌行为预防与矫正 / 张云斌著 .
北京 ： 人民邮电出版社， 2025. -- ISBN 978-7-115
-67610-8

Ⅰ . G637

中国国家版本馆 CIP 数据核字第 2025PN4680 号

内 容 提 要

　　本书立足社会焦点和校园热点，讲述了校园欺凌行为的诸多方面，旨在全面、系统地呈现与校园欺凌行为相关的知识体系。第一章概述了校园欺凌行为，从相关概念入手，阐述校园欺凌的定义、成因、表现形式等；第二章聚焦校园欺凌行为的识别方法；第三章从学校、教师、学生、家庭、社会等多个层面阐述了预防校园欺凌行为的策略；第四章讲述了校园欺凌行为的矫正策略；第五章探讨了防治校园欺凌面临的困境与挑战。

　　本书适合教育工作者、学校管理人员及家长阅读。

◆　　著　　张云斌
　　责任编辑　黄海娜
　　责任印制　彭志环
◆人民邮电出版社出版发行　　　　北京市丰台区成寿寺路 11 号
　　邮编 100164　电子邮件 315@ptpress.com.cn
　　网址 https://www.ptpress.com.cn
　　涿州市般润文化传播有限公司印刷
◆开本：700×1000　1/16
　　印张：14　　　　　　　　　　2025 年 8 月第 1 版
　　字数：180 千字　　　　　　　2025 年 9 月河北第 2 次印刷

定　价：69.00 元
读者服务热线： （010） 81055656　印装质量热线： （010） 81055316
反盗版热线： （010） 81055315

2024 年四川中小学安全教育与管理研究中心重点课题"四川中小学校园欺凌行为预防与矫正的策略研究"（项目编号：ZXXAQ2401）

2024 年四川省高等学校人文社会科学重点研究基地教育数字化与终身学习研究中心科研项目"教育数字化助推光影课程资源建设与应用研究"（项目编号：DELL2024YB-43）

教育部高等教育司 2024 年产学合作协同育人项目"新时代构建平安校园实践育人基地的理论探索与实践"（项目编号：240700383311033）

四川中小学安全教育与管理研究中心（以下简称"研究中心"）作为四川省教育厅主管的省级人文社科重点研究基地，自成立以来便锚定三大核心职责：构建校园安全风险防控体系、推动安全管理政策法规落地、研发本土化安全教育课程。我们深知唯有将理论研究扎根实践的土壤，才能真正筑牢中小学生成长的安全屏障。而《中小学校园欺凌行为预防与矫正》这部专著的诞生，正是研究中心履行职责、回应时代需求的生动写照。

本书作为 2024 年研究中心重点课题"四川中小学校园欺凌行为预防与矫正的策略研究"（项目编号：ZXXAQ2401）的主要成果，以张云斌同志为首的研究团队整合教育学、心理学、法学等多学科力量，深入四川省多所中小学校，通过问卷调查、深度访谈、大数据分析等方式，系统梳理出四川省校园欺凌的地域特征并形成了一系列预防与矫正校园欺凌行为的有效策略。

本书的价值体现在对校园欺凌防治的系统性与实践性的探索。本书从校园欺凌的概述入手，厘清相关概念与研究基础，剖析成因与影响；通过实证调查明确校园欺凌行为类型与识别方法，为精准防治提供依据，进而从"学校、教师、学生、家庭、社会、文明"等多个层面构建预防策略，从"心理修复、群体互助、文化重建、群防群治、法规惩戒"等维度提出矫正方案，最终直面防治工作中的困境与挑战。这种"识别—预防—矫正—反思"的完整逻辑链条体现了理论研究的深度，紧密结合实践需求，为教育工作者提供了全面的思路与路径。

研究团队充分发挥研究中心跨学科、跨领域的优势，联合共建单位的专家、学者及一线教育工作者，将理论研究与四川省中小学的实际情况相结合。无论是对校园欺凌行为的细致梳理，还是对多主体协同机制的设计，都扎根于四川省教育的实践土壤，力求提出的策略具有针对性和可操作性，这也与研究中心"立足实践、服务地方"的研究理念高度契合。

教育的本质是育人，而安全的环境是育人的前提。本书是课题研究的结晶，更是研究中心与一线教育工作者共同守护校园安全的见证。期待它能为中小学开展校园欺凌防治工作提供有益的参考，让更多学校从中汲取经验，完善防治体系。

展望未来，研究中心将以本书作为新的起点，继续深化校园安全领域的研究，推动成果转化与推广，与全社会共同努力，为孩子们筑起一道坚不可摧的安全防线，让每一个孩子都能在充满尊重与关爱的环境中健康成长，让每一所校园都能成为孕育希望的沃土。

卢雄

2025 年 2 月

2024 年秋天，我在一所小学听课间隙，注意到一个男孩总是独自一人。课间，他独自蹲在墙角数蚂蚁，背影中透着消沉，整个人仿佛蜷缩成一块沉默的石头。我尝试与他交谈，但他始终不愿开口。后来从这个学生的班主任口中得知，这个孩子不太合群，多次被同学欺负。每次被欺负时他都默不作声，其他同学动手时他就抱头蜷缩起来。班主任多次严厉批评过欺负他的学生，也在持续开展班级教育，但收效甚微。那一刻我突然意识到，校园欺凌从来不是靠批评就能解决的简单问题，它是一面镜子，照出整个教育生态的隐秘裂痕。正是这次相遇，让我萌生了研究校园欺凌的念头。

本书的创作源于课题组在进行校园欺凌课题研究时与多位一线教师的深度访谈。当被问及"最棘手的班级管理难题"时，多位教师提到了校园欺凌。更令人忧心的是，近半数教师坦言："我能感觉到班级里存在欺凌现象，但难以界定玩笑与伤害的界线，也不知如何处理。"从这些充满无力感的陈述中可以看出，校园欺凌治理的困境很大程度上是因为教师在判断和处理方面存在诸多阻碍。这些阻碍往往源于我们没能真正洞察欺凌行为背后隐藏的复杂缘由。若只看到表面的"欺负"而读不懂深层的"为何而欺"，再严厉的训斥也只是隔靴搔痒。

正是基于对教师在处理校园欺凌问题时所面临困境的深刻认识，以及象征性处理方式无效性的清醒认识，我们意识到当下亟须一本能够切实指导教师处理校园欺凌的实用指南。该指南应具有独特的定位与价值，真正契合教育实际场景，帮助教师从根本上解决校园欺凌问题。基于这样的出发点，我精心编写了这本书，它具有以下特点。

（1）没有晦涩的学术名词，也没有各种"模型""范式"。书中的每个策略都经过教学实践验证，部分内容甚至可直接用于课堂教学中。

（2）绝不是一本操作手册。真正的教育，从来不是按流程"处理事件"，而是培养具备独立思辨能力、能够主动抵御不良社会影响的公民。

愿这本书能帮助教师在校园的每个角落播下善意的种子。

当无数细小的改变连成星海，我们终将见证：暴力的阴霾散去之处，必将迎来整个春天的绽放。

| 目 录 |

第一章

校园欺凌行为概述

一、校园欺凌的现状

校园欺凌并非某个国家或文化的"专利",而是一场无声蔓延的全球性危机。联合国教科文组织 2019 年发布的《数字背后:终结校园暴力和欺凌》揭示了一个令人触目惊心的现实:全球 32% 的中小学生曾遭受校园欺凌[①],其中约三分之一的被欺凌者因恐惧或羞耻选择沉默。从北欧国家的"平等课堂"到非洲资源匮乏的乡村学校,从东亚充满竞争的教育体系到拉美动荡街头社区的铁皮校舍,无论何种社会形态下,欺凌如同寄生在教育肌体上的毒瘤,持续威胁着儿童和青少年的身心健康与安全。

校园欺凌的普遍性体现在其无差别的渗透能力。日本文部科学省 2023 年统计显示,日本中小学全年欺凌案件数突破 61 万件[②],其中"无视""孤立"等冷暴力占比高达 68%;美国疾病控制与预防中心调查发现,20% 的高中生曾遭受严重欺凌[③],非裔和"彩虹族"学生被欺凌的概率是普通群体的 2.3 倍[④];即使在以平等著称的挪威,2011 年布雷维克枪击案凶手的校园欺凌经历仍暴露出系统性防治漏洞。更值得警惕的是,数字技术正重塑欺凌形态:韩国"N 号房"事件中,未成年人利用加密社交软件传播同学隐私视频;印度农村少女因拒绝网络求爱遭 AI 换脸羞辱……传统暴力与数字欺凌的叠加使欺凌突破时空限制,成为全天候威胁。

---

① UNESCO. Behind the numbers:ending school violence and bullying [M]. Paris:UNESCO, 2019.

② 文部科学省. 児童生徒の問題行動・不登校等生徒指導上の諸課題に関する調査結果の概要 [EB/OL].（2023-10-04）.

③ Centers for Disease Control and Prevention. Youth risk behavior survey data summary & trends report [EB/OL].（2024-08-06）.

④ National Center for Education Statistics. Student Reports of Bullying:Results from the 2021 School Crime Supplement [EB/OL].（2022-08-06）.

校园欺凌的隐蔽性源于多重社会心理机制。被欺凌者常因自我归因（如我太软弱）或担心被报复而选择隐忍；教师可能将肢体冲突简单归为"孩子之间的打闹"，对言语攻击、社交排斥等软暴力缺乏敏感；家长则易陷入受害者有罪论的误区，如菲律宾 2022 年的一项调查显示，43% 的父母认为"被欺负是因为不够合群"[①]。这种集体无意识导致真实欺凌率被严重低估。

二、校园欺凌的界定

（一）挪威

最早被社会广泛关注的校园欺凌为 1982 年挪威北部 3 个未成年男孩的自杀事件。这一事件导致挪威政府发起了一场全国性的中小学反欺凌运动。挪威政府委托"校园欺凌研究之父"奥维尤斯，在全国范围发起了校园欺凌问题的调查研究，并积极推动反欺凌宣传活动；同时将校园欺凌定义为，当一个学生在一段时间内反复受到一个或多个学生的消极行为对待时，他 / 她就是被欺凌了。其中，"消极行为"指个体出于主观故意，采取强迫、伤害他人的行动，或者通过行为使他人陷入不适状态。消极行为的表现形式多样，常见的有言语攻击、身体侵犯、做出低俗冒犯手势等，此外还有其他类似的不良行为[②]。1983 年，该定义被写入挪威的《反欺凌国家行动计划》，其核心要素包含蓄意伤害性、重复发生性、力量不均衡性 3 个界定性特征。该定义成

---

① 菲律宾教育部与联合国儿童基金会联合调查. National Baseline Study on School-Related Gender-Based Violence［EB/OL］（2022-08-06）.

② 奥维尤斯. 校园欺凌：我们了解什么，我们能做什么？［M］张文新，译. 北京：中信出版集团，2024.

为全球首个科学化、可操作的欺凌判定标准，为后续国际研究奠定了基础。

（二）瑞典、芬兰

奥维尤斯关于校园欺凌的科学研究及挪威开展的全国性反欺凌运动，率先在斯堪的纳维亚半岛产生连锁反应。瑞典、芬兰迅速跟进，开启了对校园欺凌的研究与防治行动。

瑞典学者提出，校园欺凌具体表现为学校里的学生反复对其他同学做出一系列不当行为，如孤立他人、暴力攻击、侮辱谩骂、歧视对待、恶意戏弄、故意嫌弃、损坏他人财物、恶意造谣诋毁，甚至限制他人人身自由。这些行为最终导致被欺凌者的身体受到伤害，或者精神层面遭受损害[①]。瑞典学者细致地列举了校园欺凌的多种具体行为表现，以帮助大家更直观地识别出校园中可能存在的欺凌行为。

芬兰教育界对校园欺凌的定义为，在校园环境中施害者以口头、身体或心理等方式，蓄意且多次侵犯受害者。这种行为会给受害者的精神及身体健康带来持续性的负面影响，常见类型包含身体欺凌、心理欺凌及网络欺凌[②]。芬兰学者强调了校园欺凌发生的场域即校园，并特别指出网络欺凌这一新兴类型。

（三）英国

随后，这股浪潮涌向英国、美国、加拿大等国家。英国政府率先响应，

---

① 任海涛. "校园欺凌"的概念界定及其法律责任［J］. 华东师范大学学报（教育科学版），2017，35（2）：43-50.

② 凌磊. 国际视野下校园欺凌治理机制构建［J］. 比较教育研究，2020，42（12）：7.

组织专家团队深入研究校园欺凌现象，制定相关政策，推行反欺凌教育项目。英国学者史密斯认为，"欺凌"是力量较强的一方在未受激惹的情况下对较弱的一方实施的重复攻击行为①。该定义体现了欺凌行为的重复性和力量不均衡性，但他强调"未受到激怒"这一前提条件，突出了欺凌行为发起者主观上的无端攻击性，切入角度较为独特。英国政府后续给出校园欺凌的官方定义为，通常指持续、有意或反复实施的伤害行为，不过一些偶发事件在特定情形下也会被认定为欺凌。这种行为是个人或群体蓄意为之，并且由于双方力量不均衡，受害者会感到无力反抗②。相较于史密斯强调力量差异与重复攻击的定义，英国政府对校园欺凌的官方界定从行为性质、发生频率、动机等多维度进行拓展，涵盖力量失衡外的有害行为，兼顾偶发事件，深入剖析动机，使欺凌的定义更全面、灵活、准确。

（四）日本

2013 年 6 月，日本政府颁布该国首部聚焦校园欺凌治理的专门法规——《防止欺凌对策促进法》。在这部法律中，校园欺凌被界定为，在同一所学校内和特定学生存在关联的其他学生，运用心理施压、肢体侵犯或网络手段等，干扰特定学生，使对方产生痛苦情绪的情形③。在日本"四波反欺凌政策"的发展历程中，对校园欺凌的定义变化显著。起初多着眼于欺凌者的个人行为，而后逐渐重视被欺凌者的心理感受与所受伤害，这一转变体现了对校园欺凌本质认知的深化。将校园欺凌纳入法律，突显了日本政府对该问题

---

① 乔东平，文娜. 国内外校园欺凌研究综述：概念、成因与干预［J］. 社会建设，2018，5（3）：12.

② 李燕秋. 校园欺凌研究综述［J］. 教育科学论坛，2016（14）：4.

③ 林艳，胡春光. 校园欺凌行为：概念起源、相关辨析与行为类型［J］. 江汉大学学报（社会科学版），2024，41（5）：119-128.

的高度重视。然而，日本政府对于欺凌者具体的欺凌行为未做更细致梳理与更新，也未充分体现欺凌者和被欺凌者之间力量悬殊这一关键特征。

（五）美国

美国中小学校园欺凌问题相较其他国家更为复杂，发生率偏高且成因多元，如种族偏见、性取向歧视、网络文化等因素交织其中，使欺凌形式多样且影响广泛。由于美国各州拥有独立立法权，导致各州在校园欺凌相关法案制定及"校园欺凌"的定义界定上存在明显差异，部分州的反欺凌法规着重明确具体行为表现，如身体暴力、言语攻击、精神折磨、同伴孤立排挤，以及新兴的网络欺凌等；部分州则把重点放在对被欺凌者遭受侵害的程度、性质的规范上，以全面保障学生权益[1]。《加利福尼亚州教育法典》表明，凭借电子通信手段实施的单次严重骚扰、威胁或恐吓，一旦让学生对人身安全萌生合理恐惧或陷入实质性情绪困扰，就属于欺凌行为。《得克萨斯州教育法典》界定欺凌行为的依据有三个：一是针对特定学生展现出显著的不友好态度；二是双方存在力量差异，如体力、社交地位或经济条件等方面的不对等；三是在整个学年里反复出现或形成规律性的重复态势。由此可见，美国不同州在校园欺凌的法律界定上各有侧重。美国学者沙利文[2]指出，校园欺凌是一个或多个学生对他人采取的具有消极性的行动。这些行为一般具有攻击性和操控性，并且会在一段时期内反复出现。沙利文与奥维尤斯对校园欺凌的定义存在相同之处，都认可欺凌行为具有重复性与攻击性，但也有差异。奥维尤斯强调欺凌发生于力量不对等情境，且关注对受害者的身心伤

---

[1] 晁亚群. 美国校园欺凌的概念界定及其对学校责任的影响［J］. 世界教育信息，2017，30（20）：8.

[2] Sullivan K，Cleary M，Sullivan G．Bullying in secondary schools［M］. Thousand Oaks：SAGE. 2003.

害；沙利文侧重于行为本身的性质与持续时间，未着重提及力量差异与行为影响。

（六）加拿大

加拿大安大略省颁布的《教育法》对校园欺凌行为进行了概念的界定和解释。校园欺凌是指学生具有侵略性和典型性的重复行为。它既可以是学生主动做出的行为，也可能是学生明知行为可能导致不良后果，仍执意而为之。这些后果涵盖多个方面，包括对其他学生的身体、心理、社交或学业造成伤害，损害他人名誉、财产，或者致使校园环境变得消极。校园欺凌通常发生在学生之间存在真实或可感知的权利不平等状况下，这种不平等由多种因素导致，如体型、年龄、力量、智力、经济条件、社会地位、宗教信仰、民族、性别、家庭环境、性取向、种族及是否残疾等[1]。加拿大安大略省颁发的《教育法》对于校园欺凌行为的界定相对全面，强调其具有侵略性、典型性与重复性，突显欺凌并非偶发举动，而是有一定模式的不当行为；清晰地列举了欺凌行为可能造成的多方面后果，不仅关注身体伤害，还重视心理、社交、学业等层面，以及名誉、财产损害和对校园环境的负面影响，展现出欺凌危害的广泛性与复杂性；点明校园欺凌常源于学生间真实或可感知的权利不平等，并且详细罗列从体型到种族、残疾状况等多种导致不平等的因素，揭示出欺凌背后的深层情境因素。然而，该定义虽全面，但也存在一定的局限性。在实际判定时，侵略性与典型性缺乏明确量化标准，导致不同人的理解和判断存在差异；由于"明知后果仍为之"的主观故意认定涉及学

---

① 谢雯，沈洁. 加拿大校园欺凌的干预与治理：路径、经验与启示［J］. 北京教育学院学报，2022，36（4）：84-92.

生的内心想法，取证和判断难度较大。此外，该定义未充分考量欺凌行为会随时间、环境及学生成长而产生动态变化，也没有重视旁观者在欺凌事件中的作用和影响，这在一定程度上限制了对校园欺凌现象的全面认知与有效应对。

（七）中国

"欺凌"一词早在我国古代便有所体现。《史记·酷吏列传》中"豪暴侵凌孤弱"一句可以理解为豪强恶霸凭借自身权势欺压、凌辱无依无靠的弱小群体。我国古代的"侵凌"与奥维尤斯所定义的"欺凌"存在诸多显著相同点，如二者都体现了力量不对等性。在我国古代"侵凌"中，豪暴者凭借身份地位、财富权势等方面的绝对优势，对孤弱群体肆意妄为；在校园欺凌中，欺凌者依靠身体强壮程度、社交影响力或受欢迎程度等，在力量对比上占据上风。在这种力量不对等下，都表现出了言语、行为和人格上的欺压。行为上，我国古代的"侵凌"存在直接的暴力侵犯，校园欺凌中也存在殴打、推搡等暴力行为；语言上，辱骂、威胁在二者中更是常见；人格上，古代豪暴者肆意践踏孤弱尊严，现代校园欺凌者也会通过恶意诋毁、嘲笑来侮辱被欺凌者的人格。尽管存在时代和场景差异，但这些相似点反映出恃强凌弱现象的一贯本质。

在 21 世纪之前，中国社会对校园欺凌的认知长期停留在"孩童间的嬉闹行为"或"学生间的冲突矛盾"的阶段，并未将其视为独立的社会问题。21 世纪初，随着中国社会快速城市化与教育竞争加剧，校园欺凌现象逐渐显性化。2016 年"中关村二小事件"（一名四年级学生被同学用厕所垃圾桶扣头）成为我国校园欺凌治理的转折点，直接推动了《教育部等九部门关于防治中小学生欺凌和暴力的指导意见》（教基一〔2016〕6 号）的出台。这是我国首次以国家文件形式对校园欺凌提出指导性意见，并在文件中提到了"不恃强凌弱"。2017 年 12 月，《教育部等十一部门关于印发〈加强中小学生欺凌综合治理方案〉的通知》（教督〔2017〕10 号）发布，首次明确了学生欺凌的界定：发生在校园（包括中小学校和中等职业学校）内外、学生之间，一方（个体或群体）单次或多次蓄意或恶意通过肢体、语言及网络等手段实施欺负、侮辱，造成另一方（个体或群体）身体伤害、财产损失或精神损害等。2020 年《中华人民共和国未成年人保护法》将欺凌单列条款，这一举措标志着我国将欺凌从"教育问题"升格为"法律问题"，体现了对校园欺凌问题的高度重视。

尽管文化、制度与技术背景各异，各国关于校园欺凌的定义仍呈现出三大共性。首先，权力结构失衡被普遍视为欺凌的本质，无论是挪威的"力量不对等"，还是英国的"双方力量不均衡"、中国的"恶意欺压"，均指向强势者对弱势者的压制。其次，伤害结果的可证实性成为共识，即便日本以主观痛苦为核心，但仍然需要结合逃避上学等客观表现。最后，治理责任的扩散从学校延展至家庭、平台与社区，如德国要求社交媒体设"反欺凌专员"。这些共性揭示了一个跨文明事实：欺凌不仅是教育问题，更是社会权力关系的微观映射。定义之争的本质，实为不同文化对儿童和青少年权利与暴力本质的理解实验——挪威的悲剧给全球带来了启示，美国的自由裁量试探个体边界，东亚的集体伦理寻求平衡。未来的挑战在于构建既尊重文化多样性，又不失保护底线的国际框架，让每个孩子无论身在何处，都能在免于恐惧的校园中找回尊严。

三、校园欺凌行为相关研究

（一）国外研究史

校园欺凌作为全球性教育难题，其研究与实践历程深刻反映了不同文化背景下社会认知的演变。自 20 世纪 70 年代起，北欧学者率先将欺凌行为纳入学术视野，随后日本、美国等国结合本土危机事件推动政策革新，形成了各具特色的防治体系。下面我们以国家为线索，梳理校园欺凌研究的标志性事件、学术成果与政策响应，揭示国际社会从被动应对到主动干预的转型轨迹。

1. 瑞典

早在 20 世纪 60 年代末，瑞典便率先掀起了一波聚焦欺凌问题的社会讨论热潮，公众对这一现象的关注度急剧攀升。这场讨论如同星星之火，迅速引起了斯堪的纳维亚半岛上其他国家的广泛关注，讨论热度持续升温，逐渐形成了整个地区对欺凌问题的高度重视[①]。不过，在当时，尽管社会各界讨论热烈，但与之相关的学术研究并未启动，对于欺凌问题的探讨更多停留在大众层面，尚未在学术领域对其进行系统性的剖析。

2. 挪威

就学术研究领域来看，挪威是全球最早对校园欺凌进行系统性研究的国家。全球第一个基于欺凌现象的科学研究是由挪威著名心理学家奥维尤斯开

---

① 奥维尤斯. 校园欺凌：我们了解什么，我们能做什么？［M］张文新，译. 北京：中信出版集团，2024.

展的，他将瑞典斯德哥尔摩索尔纳地区约 900 个男孩作为研究样本。

1982 年，挪威发生了一起举国震惊的悲剧：3 名青少年因不堪欺凌的折磨，最终选择结束自己的生命。这起事件如同一记重锤，敲响了社会安全的警钟，也促使挪威政府迅速行动，毅然开启了全球首次全国性的反欺凌运动。

与此同时，一直密切关注欺凌问题的奥维尤斯教授，在挪威政府的委托和支持下，也积极投身到这场反欺凌的行动中。凭借着深厚的专业知识和不懈的努力，奥维尤斯教授团队研发出"奥维尤斯欺凌问卷"和"奥维尤斯校园欺凌预防干预项目"。奥维尤斯团队的研究范围覆盖了挪威和瑞典的多个地区，研究对象为一至九年级的中小学生。为确保研究结果的准确性和有效性，奥维尤斯团队根据学生的年龄段，精心设计了两个版本的问卷。其中，一至四年级的学生使用一个版本，五至九年级的学生使用另一个版本。为了让学生更好地理解问卷内容，提高数据的可信度，问卷中还特别加入了关于欺凌行为的明确定义。在挪威，几乎所有的中小学生都收到了参与问卷调查的邀请，最终约 85% 的适龄学生积极响应，参与到调查中来。

为了深入分析数据，研究团队从参与调查的学生中抽取了 1.3 万名学生作为有效样本。通过对这些抽样样本数据的分析和推算，他们得出了令人震惊的结果：在挪威全国范围内，约有 15% 的中小学生频繁或不定期地卷入欺凌事件。进一步的分析发现，在卷入欺凌事件的学生中，有 9% 的学生是被欺凌者，7% 的学生则偶尔会实施欺凌行为。值得注意的是，还有 9 000 人既是被欺凌者，也是欺凌者。不仅如此，根据相关数据分析还发现，每 20 个学生中就有 1 人遭受严重的欺凌或发起较为严重的欺凌。

通过对不同年级的深入研究，研究团队发现被欺凌学生的比例随着年级的升高而降低，较弱的学生更多地声称自己受到了欺凌。由此可见，小学阶段的欺凌问题更为突出，且很大一部分欺凌行为由年龄较大的学生发起。

在性别差异方面，女生更容易遭受间接、不易察觉的非肢体欺凌，如诽谤、散布谣言、操纵关系等；肢体欺凌在男生中更为常见，男生之间非身体手段的言语或手势侵扰也较为普遍。总体而言，男生往往是直接欺凌的受害者和实施者。

此次调查还显示，根据被欺凌者和欺凌者的反馈，教师在制止校园欺凌方面所付出的努力相对有限。在正式发起反欺凌运动之前，被欺凌者和欺凌者的家长对校园欺凌问题的重视程度严重不足。即便部分家长有所察觉，也仅仅停留在与孩子交流，几乎不会提前进行干预，定期干预的频率远低于常规水平。此外，调查还发现，那些在上学和放学途中受到欺凌的学生，在校园内同样难以幸免。毫无疑问，学校是大多数欺凌行为的高发地，但其他场所也存在发生欺凌事件的可能性。

这些发现全方位地揭示了挪威校园欺凌背后复杂的现状，为后续制定综合性的干预与治理措施提供了关键依据，不仅要关注学生层面的问题，还要重视教师、家长等相关方在校园欺凌防治中应承担的责任与作用 [1]。

在长达 40 年的科学验证中，挪威逐步构建起以"奥维尤斯模型"为核心的防治体系，并取得了显著的成效。其中，奥维尤斯欺凌问卷以其科学严谨的设计和高度的适用性，迅速在全球范围内得到广泛认可。时至今日，这份问卷依然是评估校园欺凌问题最权威的工具，为众多教育机构、研究人员，以及相关组织提供了关键的参考依据，在全球反欺凌工作中发挥着不可替代的作用，持续推动着校园欺凌研究与干预工作不断向前发展。

---

[1] 奥维尤斯. 校园欺凌：我们了解什么，我们能做什么？[M] 张文新，译. 北京：中信出版集团，2024.

3. 美国

20 世纪初期，枪支管控宽松的美国社会秩序混乱不堪，暴力文化四处传播，多元文化的碰撞产生了激烈的矛盾。偏见、歧视和不平等现象在美国社会中屡见不鲜，这些负面因素交织在一起，为校园欺凌的滋生提供了温床。当时的美国家庭普遍把攻击性当作判断孩子体格是否强健的重要标准。人们总是把校园里的欺凌和暴力行为简单地归结为男孩间的小打小闹或个人性格上的缺陷，觉得这是个体攻击性特质的体现，甚至还在某种程度上鼓励孩子通过打架来强化这种特质。

到了 20 世纪 60 年代，一系列性质恶劣的校园欺凌事件接连发生，校园欺凌现象开始进入大众的视野。新闻媒体对校园生活的真实呈现，引发了民众的关注和思考。不过，此时还没有学者对此展开深入研究，政府也没有出台相关政策，更缺乏理论层面的呼吁。

20 世纪 70 年代，美国政府开始着手研究校园欺凌问题。1978 年，美国政府组织开展了一项名为"校园暴力——校园安全"的研究项目，并发布了当时美国最具权威性的校园安全调查报告，详细记录了美国校园中最为严重的暴力状况。

进入 20 世纪 90 年代，面对愈发猖獗的校园欺凌，美国地方政府和联邦政府迅速采取行动，组建了专门的工作小组，创建了反欺凌网站，同时颁布了一系列政策。1990 年，美国国会颁布《校园安全法》，旨在有效遏制校园犯罪[①]。这一法律的颁布，标志着校园欺凌问题不再仅仅是学校内部的管理问题，而是上升到了政治和法律的高度。

---

① 廖婧茜，靳玉乐. 美国校园欺凌问题治理的发展、经验及启示［J］. 教育科学，2017，33（5）：8.

1999 年，美国佐治亚州在全美率先通过首部校园欺凌相关立法，迈出了反校园欺凌法律建设的重要一步。此后，随着社会对校园欺凌问题关注度的不断提升，各州陆续行动。直至 2015 年蒙大拿州通过反校园欺凌立法，美国全部 50 个州均已制定专门针对校园欺凌的法案，实现了全美范围内在这一领域的法律覆盖。

4. 日本

日本校园欺凌问题的历史发展呈现出从社会漠视到立法强制的漫长历程，其政策演变与恶性事件的频发形成了尖锐的互动关系。作为全球较早将校园欺凌问题纳入法律制度的国家，日本的防治体系在血泪教训中不断重构，展现出东亚教育现代化进程中的特殊困境。

在 20 世纪 70 年代，在日本校园里暴力乱象丛生，学生的暴力行为、肆意破坏校园财物的现象屡见不鲜。这无疑严重扰乱了校园的正常秩序，打破了原本和谐有序的教育生态环境。

到 20 世纪 80 年代，那些一眼就能被察觉的明显校园暴力行为有了一定程度的收敛。然而，校园欺凌现象并未就此退场，反而以更为隐蔽、不易被发觉的形式持续存在。一些恶性极端事件经媒体深度追踪报道后，瞬间引发了社会各界的广泛关注。日本政府和教育界也迅速警觉起来，开始高度重视校园欺凌这一棘手问题。1985 年，日本首次把校园欺凌纳入全国调查的常规项目，这一举措为后续深入研究和治理校园欺凌问题奠定了坚实的基础。

到 20 世纪 90 年代，残酷的现实表明校园欺凌问题并未得到有效解决。一系列学生自杀与死亡事件的出现，再次将校园欺凌问题推到了公众视野的最前沿。从日本《朝日新闻》对校园欺凌事件的报道数据来看，日本校园欺凌呈现出大幅飙升的态势，这一显著变化直观地反映出社会大众对该问题关注度的急剧上升。尽管日本对校园欺凌问题的认识有了极大的提升，然而在解决措施方面，仍然侧重于发挥教师的教育和疏导作用，治理的重点依旧集中在学校教育领域。

进入 21 世纪，2005 年北海道龙川市小学学生自杀事件经媒体广泛传播后，校园欺凌问题再度成为社会舆论关注的焦点。在随后的 3 年时间里，与校园欺凌相关的学生自杀事件频频发生，几乎每隔一两个月就会出现一起。基于这般复杂且严峻的现实状况，2006 年，文部科学省面向全日本中小学生发布《彻底应对校园欺凌问题》通知，着重强调校园欺凌问题可能在任何一所学校、任何一名学生身上出现，通过扩大关注范围，力求实现对校园欺凌问题的全方位覆盖式关注。直到 2013 年，日本政府正式制定并施行《欺凌防止对策推进法》，这部法律从制度层面明确了行政机关和学校在校园欺凌预防与应对工作中的具体职责与义务，为切实解决校园欺凌问题提供了更为有力的法律保障①。

在日本校园欺凌治理体系的构建与发展进程中，认知层面的深化与理论的拓展发挥了关键引领作用。在早期，日本将校园欺凌成因主要锚定在行为规范层面，认为是学生个体行为失范与对社会规范认知不足所致；随着研究推进与实践反思，逐渐聚焦于精神心理因素，剖析欺凌者与被欺凌者背后复杂的心理动机与心理创伤机制；近年来，研究视角进一步拓展至社会环境因素，从家庭结构、社区文化、学校氛围等多维度探寻校园欺凌的根源，形成了更为全面且系统的认知体系。

基于认知的不断提升，日本校园欺凌治理模式持续迭代升级：最初，日本采用的是以学校为绝对主导的规范矫正型模式，这种模式主要依赖教师通

---

① 姚逸苇. 日本校园欺凌治理模式的历史变迁研究［J］. 外国教育研究，2021，48（10）：19-31.

过教育指导对学生的行为进行矫正；随后，随着对欺凌问题心理层面认知的加深，日本引入心理咨询师等专业力量，形成学校与专家协作的心理援助型模式，这种模式注重从心理疏导角度介入；当下，日本构建起多元主体参与的风险预防型模式，涵盖学校、家庭、社区、行政机关及各类专业社会组织，通过全方位、多层次的协作，实现对校园欺凌的精准预防与有效干预。

在政策体系建设方面，日本通过法律、制度、协作机制与预防措施的协同推进，构建起严密且高效的政策保障网络。在法律层面，2013 年日本政府颁布《欺凌防止对策推进法》，明确界定校园欺凌的法律范畴、责任主体与治理框架，为后续治理工作提供了坚实的法律基石。为全方位应对校园欺凌，日本政府在《欺凌防止对策推进法》的基础上，进一步完善法律体系，整合《教育基本法》《学校教育法》及《儿童福利法》等法规，形成了一套协同互补的制度框架。在刑事责任追究方面，日本政府通过《少年法》《少年审判规则》等专门立法，构建起严谨的刑事司法体系，实现对欺凌行为的精准打击与法律规制。与此同时，各地政府积极响应国家号召，深度调研本地实际情况，制定了一系列贴合地方特色的反校园欺凌政策。这些政策不仅具有针对性，还能有效衔接国家层面的法律要求，从而在全日本范围内形成了从中央到地方，层次分明、协同配合的校园欺凌防治格局[①]。

（二）中国

在 21 世纪以前，中国社会对于校园欺凌的认知存在明显局限，大众普遍把校园欺凌简单看作孩童间的平常打闹或学生之间的普通矛盾，并未将其上升到独立且严峻的社会问题高度。受传统教育中"以和为贵"观念的深刻影

---

① 翟月. 中小学校园欺凌防治政策的国际比较研究［M］. 北京：知识产权出版社，2023.

响，当学生之间发生矛盾冲突时，老师和家长多采取调解方式处理，并且认为孩子之间的这类嬉闹行为是成长过程中正常且必然会出现的现象，因而严重忽视了校园欺凌问题的潜在危害。从社会关注层面来看，在21世纪之前，校园欺凌并未得到足够的重视。2000年前，中国学术界对校园欺凌的系统性研究近乎空白。

在国内校园欺凌研究领域，张文新是当之无愧的先驱。20世纪90年代末，他引入并精心翻译和修订了奥维尤斯欺凌问卷，为我国校园欺凌的量化研究奠定了基础。1998—2000年，由张文新教授牵头，组织实施了首次针对我国中小学校园欺凌状况的大规模调查，获取了大量一手资料，让学界对校园欺凌有了更直观的认识。2018—2020年，他再次主导了新一轮大规模调研，跟进校园欺凌的新变化与新趋势。

1992年，张文新发表了《儿童侵犯行为发展研究综述》一文。这篇文章多次提到，儿童间的侵犯行为为言语和行为上的冲突，不过此时还未明确提出校园欺凌的概念。1999年，张文新引入奥维尤斯团队的欺凌问卷，并结合我国实际国情，对问卷进行了研究与修改，形成了符合我国情况的调查问卷[①]。修订完成后，张文新在山东省部分城市与农村地区展开抽样调查，以对该调查问卷的可信度进行评估。这也正式开启了对我国校园欺凌现象较为系统的研究，为后续深入探讨校园欺凌问题奠定了基础。2002年，张文新等人[②]发表《儿童欺负行为的类型及其相关因素》一文。彼时，国内尚未广泛使用"欺凌"一词，更多用"欺负"表述。按照张文新的定义，"欺负"指力

[①] 张文新，武建芬. Olweus 儿童欺负问卷中文版的修订 [J]. 心理发展与教育，1999（2）：8-12.

[②] 张文新，王益文，鞠玉翠，等. 儿童欺负行为的类型及其相关因素 [J]. 心理发展与教育，2001（1）：12-17.

量优势方对力量薄弱方实施的攻击行为，这一定义沿用了奥维尤斯关于校园欺凌定义中的力量不均衡性。张文新等人将欺负行为划分成直接身体欺负、直接言语欺负和间接欺负 3 种类型。调查数据表明：直接言语欺负在学生欺负行为中发生率最高，直接身体欺负居中，间接欺负发生率最低。同年，马琴[①] 撰写的《香港小学校园欺凌现象及处理方法》成为知网可查最早以校园欺凌为主题的文章。当时，香港学童欺凌问题在 21 世纪初极为普遍，尤其是 2001—2002 年发生的几起校园欺凌事件，引发社会关注，促使马琴开展相关研究。

此后，"校园欺凌"一词正式开启了后续一系列深入的相关研究，社会各界对校园欺凌问题的关注度和重视程度大幅提升，相关研究也步入了快速发展的新阶段。2002—2015 年，校园欺凌研究处于平缓发展阶段，而 2016 年则成为关键转折点。

2016 年，北京市中关村二小一名四年级学生遭同学用厕所垃圾桶扣头。随着事件的持续发酵和升级，校园欺凌问题正式进入大众视野。基于该事件引起的广泛影响，教育部等九部门于 2016 年发布了《关于防治中小学生校园欺凌和暴力的指导意见》。

随着时间的推移，社会对中小学生欺凌防治的关注度日益提高，党中央和国务院也高度重视这一问题。为了让我国防治中小学生欺凌的机制、制度和政策能够更有效且长效地发挥作用，基于前期经验和相关文件，教育部等十一部门于 2017 年 12 月联合印发了《加强中小学生欺凌综合治理方案》。

目前，我国虽尚未制定专门针对校园欺凌和暴力的法律法规，但在诸多现行法律中，已有不少条款涉及未成年人在校园欺凌事件中可能遭遇的情

① 馬勤. 香港小学校園欺凌現象及處理方法［C］// 青少年偏差行为学术研讨会论文集，2002：228-232.

形，为防治校园欺凌提供了法律支撑。

进入 21 世纪，随着全球信息交流的日益便捷，校园欺凌不再是个别国家的局部问题，而是成为广受关注的世界性公共健康问题。联合国教科文组织将每年 11 月的第一个星期四确定为反校园暴力与欺凌包括网络欺凌国际日，旨在通过这一特殊的日子，唤起全球对校园暴力与欺凌问题的重视。同时发布了一系列全球校园欺凌监测报告，这些报告基于大量的数据收集和分析，详细阐述了全球不同地区校园欺凌的现状、特点及发展趋势，为各国制定针对性的防欺凌策略提供了重要依据。

（三）校园欺凌行为的成因与影响

校园欺凌行为的成因具有典型的系统性特征，其本质是个人心理机制、家庭互动模式、学校教育生态及社会文化结构在特定时空场域中的病理耦合。研究表明，全球范围内 12 ～ 15 岁青少年遭遇欺凌的比例长期维持在 19%～35%[1]。这一现象无法归因于单一变量，而是多重风险因子在个体发展轨迹中交织作用的结果。从微观层面的学生身心特质异质化（如情绪调节缺陷或过度攻击倾向），到中观维度的家庭教养失范与学校监管失效，直至宏观社会暴力亚文化的隐性规训，共同编织成滋生欺凌的生态网络。尤其在数字技术重构人际互动的当下，传统欺凌模式与算法推荐机制、虚拟身份匿名性产生化学反应，催生出更具破坏力的新型欺凌形态。因此，只有全面、深入地了解这些成因，才能有针对性地制定出切实可行的预防和干预措施，为孩子们营造一个安全、和谐的成长环境。

---

[1] UNESCO Institute for Statistics. UIS education statistics：Bullying prevalence［EB/OL］.（2023-01-20）.

1. 个体发展因素

有研究发现，校园欺凌产生的原因包括学生对欺凌及自身行为认知不足、规则意识薄弱、成绩落后引发负面心理、沉迷于网络游戏并受不良影响，以及个人关系处理不当[①]。

从个体角度分析，中小学生对校园欺凌概念的理解存在极大的局限性。在他们的认知里，似乎只有明显的肢体暴力才算是欺凌，而像言语辱骂、恶意孤立、威胁等隐性欺凌行为却被他们完全忽视。这种认知偏差使他们在做出一些伤害他人的行为时，根本意识不到自己做错了，更无法及时停止不当举动，从而导致欺凌行为不断恶化，给受害者带来持续且难以磨灭的伤害。低年龄段的学生正处在道德观念逐步形成的关键时期，他们的行为会受外界评价的左右。倘若周围人对其欺凌行为给予肯定或错误的反馈，让他们误以为这样做会受到欢迎，那么他们就会将欺凌当作一种获取认可的方式，不仅会持续实施欺凌行为，甚至还会主动出击，变本加厉地伤害他人。在学生成长过程中，个人规则意识的培养与形成起着至关重要的作用。当学生对基本的行为规则缺乏了解，没有形成清晰的规则意识时，他们就会陷入以自我为中心的思维模式，只想着自己怎么舒服、怎么开心就怎么做，完全不顾及他人的感受和权益。在人际交往中，这种自我中心的行为方式会导致他们难以把握与他人之间的界限，稍有矛盾就容易引发冲突，进而升级为欺凌行为。

有研究表明，学习成绩的差异也与校园欺凌现象有着紧密的联系。在成绩落后的学生群体中，存在着两种截然不同的情况。一方面，部分学生由于成绩不理想，在学习上难以获得成就感和他人的认可，内心渴望从其他方面

---

① 李敏. 城市小学校园欺凌成因及防治对策研究［D］长沙：湖南大学，2018.

找回自信心和优越感，于是便试图通过欺凌他人来树立自己的"权威"，成为支配者，以此满足自己的心理需求。另一方面，还有一些成绩落后的学生长期遭受外界的批评、打压和否定，逐渐变得懦弱、胆怯，自信心严重受挫，在面对他人的欺凌时，他们不敢反抗，只能默默忍受，成为欺凌行为的受害者。

在当今社会，网络游戏的普及给孩子们的成长带来了新的挑战。不少网络游戏中充斥着大量的暴力元素，孩子们在游戏世界中频繁接触到"想打就打""打打杀杀"的攻击方式。久而久之，这些暴力行为和错误观念就会在他们的脑海中根深蒂固，并潜移默化地被带到现实生活中。他们被灌输了一些错误思想，认为暴力是解决问题的有效手段，从而大大增加了校园欺凌行为发生的概率。

2. 家庭环境因素

美国学者斯韦勒等人[1]指出，校园欺凌行为与家庭因素关联紧密。家庭氛围是否和谐、充满凝聚力，父母给予的社会支持是多是少，以及家庭成员之间的关系如何，如孩子是否目睹家庭暴力或遭受虐待等情况，都和欺凌行为存在关联。此外，父母教养方式、家庭结构、家庭收入及家庭环境氛围等，也在很大程度上对孩子是否会被卷入校园欺凌产生影响。

研究发现，欺凌者、被欺凌者，以及兼具欺凌和被欺凌者的家庭存在一些共同特征，同时也各有特点[2]。欺凌者的父母通常使用专制的教养方式，不

---

[1] 斯韦勒，埃斯皮莱奇，纳波利塔诺. 欺凌的预防与干预：为学校提供可行的策略［M］王梓璇，刘俊升，译. 上海：上海教育出版社，2022.

[2] 斯韦勒，埃斯皮莱奇，纳波利塔诺. 欺凌的预防与干预：为学校提供可行的策略［M］王梓璇，刘俊升，译. 上海：上海教育出版社，2022.

仅纵容孩子在各种情况下进行反击，还习惯使用体罚来教育孩子。在这样的家庭环境中，亲情淡薄，家庭成员之间缺乏紧密的情感联系，家庭冲突频繁且激烈。长期处于这种环境的孩子容易将暴力和攻击性的行为模式带入校园，成为欺凌者。在被欺凌者家庭中，父母很少使用权威型教养方式，导致家庭冲突水平居高不下，家庭成员之间协商交流的频率和质量较低。在这样压抑、缺乏民主氛围的家庭中，孩子往往被忽视，自身想法和需求得不到重视，逐渐变得胆小怯懦，面对欺凌时无力反抗，只能默默承受。而兼具欺凌和被欺凌者的家庭，亲情的温暖极度匮乏，或者父母对孩子过度保护。一方面，这种过度保护使孩子的行为受限，内心压抑的情绪无法得到合理释放，到了学校就可能通过过激行为来宣泄；另一方面，过度保护也剥夺了孩子锻炼自我保护能力的机会，导致他们在面对欺凌时不知如何应对，同样陷入被欺凌的困境，陷入一种矛盾且复杂的状态。

家庭结构在很大程度上影响着孩子性格的塑造，不完整、不稳定或关系失衡的家庭结构，容易让孩子在成长过程中产生心理偏差，导致他们形成具有欺凌倾向的性格。调研中，针对"哪类学生更易成为欺凌者"这一问题，数据显示，64%的家长、80.8%的教师及75%的校长都认为，家庭结构存在缺失的学生最有可能成为欺凌者，在众多选项中位居首位[①]。

在当下社会环境里，以下几类家庭结构与校园欺凌行为的关联尤为值得关注。（1）独生子女家庭，在这类家庭中，孩子是绝对的核心，孩子在与同龄人交往方面参与度较低。这使孩子在成长过程中缺乏与同龄人平等互动的机会，一旦遭遇问题，因缺少有效的解决思路与经验，很可能在无意识中选

---

① 苏春景，徐淑慧，杨虎民. 家庭教育视角下中小学校园欺凌成因及对策分析［J］. 中国教育学刊，2016（11）：18-23.

择欺凌他人，借此满足自身的需求。（2）单亲家庭，在这类家庭中，孩子由于缺少一方父母的陪伴与关爱，情感上存在明显缺失，内心缺乏安全感，容易滋生自卑、焦虑等负面情绪。这些情绪长期积压，可能导致孩子试图通过欺凌他人来获取虚假的成就感，以此填补内心的空缺。同时，单亲家长的生活压力可能较大，无暇顾及孩子的情感需求与教育引导，使孩子的行为和价值观出现偏差，导致他们参与校园欺凌的风险增加。（3）重组家庭，重组家庭的孩子面临着复杂的家庭关系，需要适应新环境。若家庭关系处理不当，孩子极易产生被排斥的孤独感，这种不良情绪会延伸到校园生活中，导致孩子出现情绪和行为问题，进而将家庭中的负面情绪发泄在同学身上，引发校园欺凌行为。

家庭环境是孩子成长的土壤，充满争吵、冷漠或暴力的家庭环境，会让孩子长期处于紧张、恐惧等负面情绪中。这种不健康的环境容易使孩子心理扭曲，为日后欺凌倾向的产生创造条件，他们可能会将在家庭中承受的负面情绪，通过欺凌他人的方式发泄出来。在家庭氛围方面，父母间的矛盾冲突，尤其是家庭暴力等过激行为，会在不知不觉中给孩子的心理留下创伤。长期生活在这种不稳定、充满冲突的环境里，孩子容易缺乏安全感，他们的性格可能变得敏感、自卑，甚至在行为上出现攻击性或退缩性等问题。

家庭教育观念犹如指南针，指引着孩子的行为模式。当家长秉持片面或错误的教育观念，如过度强调竞争、忽视品德培养时，孩子容易形成以自我为中心、漠视他人权益的思想。在这种错误观念下成长的孩子，很可能在与同伴相处时，为了满足自身需求，出现欺凌他人的行为，以此来彰显自己的"优势"。

孩子的性格和行为与教养方式密切相关。宠溺型教养方式下的孩子被过度纵容，可能会缺乏规则意识和同理心，一旦在外界遭遇不顺，就可能习惯性地使用欺凌行为来维护自己的"特权"。专制型教养方式下的孩子长期被压制，导致他们内心的不满与愤怒不断积累，并且容易将这些负面情绪转化为对外部的攻击行为，从而采用欺凌同学的方式来释放压力。

3. 学校教育因素

在当下，校园欺凌是全球性问题。学校既是学生成长的关键阵地，也是校园欺凌事件的高发区域，在预防和处理校园欺凌方面承担着不可替代的职责。有学者[①]从学校角度分析，认为校园欺凌现象屡禁不止的原因有以下四个方面：一是对校园文化建设重视不足，难以引导学生树立正确的价值观；二是防治和惩戒机制不够健全；三是生命教育和法治教育存在缺失；四是家庭与社会在反欺凌工作中的资源整合和协同合作不够充分。

校园文化建设缺失或不当是导致校园欺凌行为发生的重要潜在因素。首先在价值导向方面，学生可能因为缺乏正确的引领且受到不良价值观的影响，将欺凌视为"勇敢""有本事"的表现。其次，缺乏集体意识使学生集体荣誉感和归属感淡薄，更关注个人利益，对他人的困难和痛苦感到冷漠，甚至参与欺凌。最后，行为规范的缺失导致学生容易做出不当行为。此外，缺少优秀师生榜样的示范，学生易受不良行为影响，这也在一定程度上增加了欺凌行为发生的可能性。

在校园欺凌防治与惩戒机制方面，目前缺乏明确的校园欺凌行为界定标准，对于言语侮辱、排挤孤立等隐蔽欺凌行为没有详细的规定，于是难以在欺凌事件发生时迅速准确判断行为的性质，导致处理不及时、不公正，致使欺凌行为常被误判、漏判，欺凌者未受到应有的惩处，受害者的创伤也难以

---

① 马皓苓. 学校视角下中小学校园欺凌的成因及其对策探析［J］. 内蒙古教育，2019（8）：34-36.

愈合。

同时，学校关于生命与法治教育的缺失，导致学生对生命没有敬畏感，规则意识淡薄，在情绪失控时极易实施欺凌行为。

另外，校园反欺凌需要家-校-社协同发力，若家庭监管弱化、社会力量未有效介入，学校便会资源匮乏、手段单一，难以从根源上解决校园欺凌问题。

然而，校园欺凌问题的原因更加复杂。在学校管理层面，部分学校没有进行全面的教职工培训。教师面对学生之间的矛盾缺乏有效的干预方法和技巧，简单粗暴的处理方式不仅无法解决问题，还可能激化矛盾，加剧欺凌行为。时间与空间管理也至关重要，课间、午休等监管薄弱时段，操场角落、废弃教室等监控盲区，若学校未合理安排值班人员加强监管，就会给欺凌者可乘之机。不良师生关系也是校园欺凌的催化剂。当师生之间缺乏信任时，学生有问题不敢向老师倾诉，受欺凌的学生因害怕老师不相信自己而默默忍受，让欺凌者愈发猖獗。老师对学生的差别对待同样会引发欺凌，被过度关注或偏爱的学生易遭同学嫉妒并成为被欺凌的对象；被老师忽视和批评较多的学生则容易自卑、叛逆，可能通过欺凌他人获取关注或发泄情绪。在教学过程中，老师若只重视知识传授，忽视与学生的情感交流，学生在人际交往中遇到问题得不到正确引导，处理矛盾时就容易采取极端的方式，引发欺凌行为。

4. 社会环境因素

有学者[①] 指出，"文化"是一种广泛存在且构成复杂的现象，其以潜移默

① 张萍，王蓉，李梓毓，等. 乡村留守儿童校园欺凌成因分析及应对建议——基于社会生态系统理论视角［J］. 农村经济与科技，2023，34（2）：233-235.

化的方式深刻影响着人们的行为模式。具体到校园环境中，欺凌行为的产生与特定文化观念的传播、流行紧密相关，这些不良文化观念犹如隐匿的导火索，会在不经意间引发欺凌行为。

观念会对人们的行为模式和思维认知产生深远影响。类似"弱肉强食""胜者为王，败者为寇""睚眦必报"这类观念，对身心发育尚不完善、辨别与自控能力薄弱的儿童而言，存在极大的误导性。在这类观念的持续影响下，儿童的内心易滋生攻击意识，一旦缺乏正确引导，便很容易转化为实际的欺凌行为，致使个体行为偏离正轨。与此同时，"以和为贵"的"和"文化也深深扎根于我们的社会文化之中。在校园里，秉持"和"文化的学生在遭遇欺凌或人际冲突时，往往倾向于选择妥协、退让和包容。这种处理方式既无法对欺凌者形成有效约束，助长其嚣张气焰，又导致被欺凌的学生长期隐忍，深陷被欺凌的恶性循环。上述两种文化观念，一个从正面诱发欺凌行为，一个从侧面纵容欺凌现象，二者相互交织，大大增加了儿童卷入校园欺凌的概率，导致一些儿童不是成为欺凌的实施者，就是沦为欺凌的受害者，给儿童身心健康和校园秩序带来严峻挑战。

在信息爆炸的时代，网络信息对校园欺凌行为产生的影响不可小觑。当下，许多网络游戏、短视频、动画片及影视作品中充斥着大量暴力元素。儿童正处于身心快速发展、价值观尚未成熟的阶段，长期受到这些暴力内容的浸润，他们在面对问题时很难学会用理性、和平的方式去解决，而是倾向于模仿网络上的暴力行为。甚至在日常生活中，孩子们会将虚拟世界里的暴力模式带到现实生活中。此外，网络上频繁传播的校园欺凌新闻也会对校园欺凌产生影响。虽然这类新闻能让大众关注校园欺凌现象，但在传播过程中大多缺乏正确的引导。没有专业的解读和正向的价值引导，孩子们在看到这些新闻时无法正确理解事件背后的危害和教训，反而可能因为认知片面，觉得欺凌行为"很酷"，从而产生模仿心理。这种错误的引导不仅没有达到警示、预防的作用，反而在一定程度上助长了校园欺凌行为的发生，给校园环境和学生的身心健康带来极大的负面影响，亟待引起重视并加以改善。

第二章

校园欺凌行为的识别

一、校园欺凌行为的实证调查

校园欺凌作为校园环境中的突出问题，长期受到社会各界的关注。在 2016 年北京市中关村二小事件引发社会对校园欺凌的高度关注后，学界掀起研究热潮，众多学者从教育学、心理学、社会学等多学科视角，围绕校园欺凌的成因、危害、特点及防治策略展开深入研究，产出了大量有价值的成果。

尽管我国已对"校园欺凌"做出明确界定，然而在现实生活中，仅依靠定义很难精准判断欺凌行为。欺凌行为形式繁杂、隐蔽性强，致使许多潜在欺凌难以被及时发现。例如，一些言语欺凌常被伪装成同学间的玩笑，网络欺凌则借助虚拟空间让人难以察觉。同时，校园欺凌的预防和干预是一个系统工程，做好前置性研究极为关键。只有了解校园欺凌的前期征兆，如受害者突然的性格变化和学业成绩下滑、欺凌者的攻击性行为倾向等，才有可能在欺凌行为的萌芽阶段进行干预。

因此，基于过往研究中的相关数据，深入归纳总结校园欺凌行为的特点十分必要。只有准确把握这些特点，才能进一步制定科学有效的预防和干预策略。

（一）普遍性

在全球范围内，约有三分之一的儿童与青少年曾经历过欺凌。张文新教授分别于 1998 年和 2020 年对我国 2 万余名中小学生展开调查，结果表明，19%～24.3% 的中小学生曾被卷入欺凌相关事件。

在全球范围内，不同地域、不同年龄段的学生都受到校园欺凌的影响。从已发生的欺凌事件，到处于萌芽阶段的潜在欺凌现象，都显示出校园欺凌这一隐患广泛存在。许多看似平常的学生互动，都可能成为欺凌的源头。这种普遍性意味着校园欺凌是不容忽视的社会问题，需要家庭、学校和社会多方协同合作，尽早干预，才能有效降低其发生概率，营造安全的校园环境。

（二）多样性

我国将"学生欺凌"定义为，发生于学生之间，一方蓄意或恶意借助肢体动作、言语表达及网络暴力等手段，对另一方实施欺压和侮辱，导致对方出现人身伤害、财产损失或精神损害的行为。

我们从这一定义便能清晰地看出校园欺凌的多样性。首先，校园欺凌的主体、人数与对象呈现出显著的多元性和不确定性。欺凌的发起者既可能是单个学生凭借个人恶意实施欺凌，也可能是多个学生结成小团体，有组织地针对他人；被欺凌者可能是某个同学，也可能是某个群体。

欺凌者实施欺凌行为的方式也呈现出多样化与多元化的特点，如言语欺凌、肢体欺凌、网络欺凌等。在实际生活中，除了采用单一手段进行欺凌，还有一些欺凌者会综合运用多种手段。

由于校园欺凌涉及的主体多元、行为方式多样、发生情景复杂，导致欺凌行为的辨识难度极大。欺凌行为的多样性相互交织，使每一起欺凌事件都有其独特性。这无疑增加了预防与干预的难度，迫切需要家庭、学校和社会多方协同合作，制定全面且有针对性的策略，才能有效应对这一难题。

（三）差异性

校园欺凌作为一个复杂且严峻的社会问题，广泛存在于教育环境中。当我们深入探究校园欺凌的特点时，会发现其中显著的差异性贯穿于各个关键维度。这些差异不仅体现在欺凌行为的实施主体、行为方式、发生环境等方面，还延伸至动机与后果领域。从不同学生个体的行为表现，到不同场景下欺凌行为的呈现，再到背后深层次的原因及产生的多元影响，全面剖析这些差异性，对理解校园欺凌的本质、制定有效的预防和干预策略具有至关重要的意义。

中国青少年研究中心对全国中小学生进行调研的结果显示，男生相较于女生更容易受到同学欺负。由此可见，性别在校园欺凌中呈现出显著差异性。在校园欺凌情境下，个体应对策略的抉择也深受性别因素的显著影响，这一影响在欺凌事件的后续发展进程中扮演着关键角色。面对校园欺凌，约80%的女生倾向于采取非直接对抗的应对策略，旨在避免激化矛盾，维持相对平和的人际关系状态。仅有9%的女生会选择采取攻击性较强的回应方式。在男生群体中，60%选择避免直接冲突，30%则倾向于采用攻击性应对策略[1]。

有学者[2]从性别、年龄、父母婚姻状况、监护人类型及成绩等多个维度，对不同群体卷入校园欺凌事件的比例展开研究，结果显示在欺凌与被欺凌情况上的显著差异性。在不同年龄段的学生群体中，校园欺凌问题呈现出鲜明的阶段性特征，父母婚姻状况与学生欺凌行为的发生有着密切关联。与谁生活在一起也左右着欺凌事件的发生率；成绩也是影响学生卷入欺凌事件的关键因素，这体现出学业表现与学生行为之间存在着紧密联系，可能与学习压力、自我认同及同伴关系等多种因素相关。

综上所述，校园欺凌行为受到多方面差异因素的综合影响，这些因素涵盖个体特征、家庭环境、学校氛围及社会观念等。各变量之间相互关联、彼

---

① 刘溪. 中学生校园欺凌行为成因、特点及其对策研究［D］. 湘潭：湖南科技大学，2017.

② 耿申，赵福江，等. 欺凌的生成与防治：预防校园欺凌和暴力的研究［M］. 北京：教育科学出版社，2024.

此作用，呈现出错综复杂的态势。

后续研究需要从多个维度进行剖析：从家庭层面，关注教养方式与家庭结构的影响；从个体角度，探究心理特质、性格特点与行为模式的关联；从学校方面，审视教育理念、校园文化及师生关系的作用；从社会视角，考量文化氛围、舆论导向和法律制度的影响。通过系统全面的研究，为后续预防和干预策略的制定筑牢根基，有效减少校园欺凌现象，维护校园的和谐与安宁。

（四）隐蔽性

从媒体报道来看，在诸多校园欺凌事件中，往往是欺凌行为发展到较为严重的程度才被察觉。这主要是因为欺凌行为具有故意性和恶意性，欺凌者会刻意挑选隐蔽地点实施欺凌。有调查数据显示，在欺凌发生的场所中，教室的比例达 13%，为最高；走廊、操场的比例分别是 4.7% 和 3.8%；上学和放学路上、厕所、宿舍、校外偏僻场所、学校门口、校内偏僻场所，以及其他场所的比例均在 3% 以下[①]。尽管欺凌行为在教室发生的比例高，但许多教室未安装监控，老师难以及时发现异常。更关键的是，上学和放学路上、厕所、宿舍、校外偏僻场所等，这些地方也不好监测，场所的隐蔽性导致欺凌行为难以被察觉，使受害者长时间处于孤立无援的困境，不仅助长了欺凌者的嚣张气焰，也让学校与家长难以及时介入并制止。隐蔽性欺凌加重了校园欺凌问题的治理难度。

---

① 耿申，赵福江，等. 欺凌的生成与防治：预防校园欺凌和暴力的研究［M］. 北京：教育科学出版社，2024.

（五）常态性

有人[①]针对 2016 年媒体报道的 34 例校园欺凌事件展开深入剖析。研究结果显示，因琐事纠纷导致的校园欺凌事件占比高达 44.1%，几乎接近一半，在众多引发欺凌的因素中居于首位。相比之下，由情感纠纷、被欺凌者性格软弱、敲诈钱财等原因引发的欺凌事件占比则少得多。看似不起眼的琐事，却成为校园欺凌的主要导火索。这些琐事在学生的日常生活中极为常见，具有明显的常态性。在校园里，学生每天都会经历文具借用、座位安排、游戏胜负等小事，这些看似无关紧要的日常琐事，却频繁地引发矛盾。

在校园里，学生的社交互动频繁，这就必然导致各类琐事纠纷不断涌现。同时，学生心理发展不成熟是普遍且长期存在的状况，这使他们在面对频繁的琐事矛盾时很难妥善处理。这两方面因素相互作用，致使因琐事引发欺凌的情况反复发生，成为校园中一种具有常态性质的潜在威胁。

二、校园欺凌行为的类型和表现

校园欺凌是一种复杂的社会现象，其行为类型多样，表现形式隐蔽性与危害性并存，严重危害学生身心健康，破坏校园秩序与社会和谐。在国内外学者对校园欺凌的研究进程中，发现其分类方式标准存在一定的差异。有的学者从诱发原因进行分类，将校园欺凌划分为主动型欺凌、追随型欺凌和反击型欺凌。主动型欺凌为欺凌者主动挑事、恶意攻击；追随型欺凌为欺凌者盲目跟风，跟随他人作恶；反击型欺凌为被欺凌者忍无可忍后反抗，以暴制

---

① 王祈然，陈曦，王帅. 我国校园欺凌事件主要特征与治理对策——基于媒体文本的实证研究 [J] 教育学术月刊，2017（3）：46-53.

暴。还有的学者依据欺凌者针对对象的特点和原因进行分类。例如，智力优越欺凌，是对聪明学生的嫉妒打压；容貌、家境优越欺凌，是对长得好看、家境较好同学的恶意相向；受关注优越欺凌，是对被老师关注的学生进行欺凌；容貌不佳欺凌和身体残障欺凌，是对弱势群体的歧视性欺负；特征与性取向欺凌，是基于个人独特特征或性取向的偏见性攻击[①]。

奥维尤斯在解读校园欺凌行为定义中的"消极行为"时，将其简单划分为身体、言语和其他攻击方式（排斥）的欺凌[②]。沙利文则把欺凌形式分为生理欺凌、非生理欺凌、言语欺凌和非言语欺凌。日本教育评论家森口朗依据欺凌程度将校园欺凌分为四种：第一种是日常相处型欺凌，第二种是传统交流型欺凌，第三种是犯罪型交流欺凌，第四种是暴力恐吓型欺凌[③]。

我国学者也从不同角度对校园欺凌进行了分类。例如，有人[④]以伤害形式，即欺凌者伤害被欺凌者的方式和手段，将欺凌行为分成排斥性欺凌，即孤立、排挤受害者；言语性欺凌，即使用侮辱性、威胁性言语；攻击性欺凌，即通过肢体动作直接攻击；逼迫性欺凌，即强迫受害者做不愿做的事；强索性欺凌，即强行索要财物等；性别欺凌，即基于性别差异的歧视性欺凌；网络欺凌，即利用网络实施伤害行为。

综合国内外学者对于校园欺凌的分类，虽因研究视角不同存在一定的差异，但不难发现，他们都提及了一些高发的欺凌方式，如肢体欺凌、言语欺

---

① 林艳，胡春光. 校园欺凌行为：概念起源、相关辨析与行为类型 [J]. 江汉大学学报（社会科学版），2024，41（5）：119-128.

② 奥维尤斯. 校园欺凌：我们了解什么，我们能做什么？ [M]. 张文新，译. 北京：中信出版集团，2024.

③ 贺江群，胡中锋. 日本中小学校园欺凌问题研究现状及防治对策 [J]. 中小学德育，2016（4）：64-67.

④ 耿申，赵福江，等. 欺凌的生成与防治：预防校园欺凌和暴力的研究 [M]. 北京：教育科学出版社，2024.

凌、财物欺凌、网络欺凌。深入了解这些共通的高发欺凌类型，有助于我们更精准地制定校园欺凌防治策略，全方位守护校园的和谐与安宁，给学生营造一个安全、健康的学习与成长环境。

（一）身体欺凌

身体欺凌指通过肢体暴力或强制行为对他人造成直接身体伤害或财产损失。其具体表现形式有：（1）直接肢体暴力，如殴打、踢踹、推搡、扇耳光等攻击性行为；（2）破坏或侵占财物，如故意损毁课本、文具，抢夺零花钱或个人物品；（3）强迫性侮辱动作，如逼迫受害者下跪、学动物爬行或拍摄羞辱性视频。

发起身体欺凌行为的欺凌者通常具有体力或人数优势，通过暴力行为彰显权力。他们可能因模仿家庭暴力、竞争社交地位或情绪宣泄需求产生攻击性。例如，一些孩子在家中目睹家人之间的暴力行为，在潜意识里将暴力当作解决问题的方式，在校园中遇到矛盾时，便会不假思索地付诸拳脚。还有些学生为了在小团体中树立威望，通过欺负弱小来展示自己的"强大"。身体欺凌行为的受害者往往是生理弱势群体，如体型瘦小的学生，其在力量对比上处于劣势，容易成为被攻击的对象；患有疾病的孩子，由于身体抵抗力差或行动不便，也可能被欺凌者盯上。

（二）言语欺凌

言语欺凌指通过侮辱性、贬低性或威胁性言语对他人造成心理伤害。其具体表现形式有：（1）公开辱骂与贬低，如使用侮辱性绰号；（2）威胁恐吓，如扬言"放学后等着"或"敢告诉老师就打你"；（3）恶意玩笑与讽刺，如以"开玩笑"为名，当众揭短或嘲讽家庭困境。

发起言语欺凌行为的欺凌者擅长利用言语攻击建立社交支配地位。部分欺凌者自身存在自卑心理，通过贬低他人获得优越感。例如，有些学生在学习或其他方面表现得不如他人，内心自卑，便通过嘲笑、辱骂他人来抬高自己和建立自信。被欺凌者的外貌、口音、家庭背景等易成为攻击的焦点。被欺凌者对他人的评价非常在意，一句不经意的嘲讽都可能让他们陷入自我怀疑，觉得自己真的如欺凌者所说的那样糟糕。

（三）关系欺凌

关系欺凌指通过操纵人际关系实施孤立、排挤或散布谣言，破坏被欺凌者的社交归属感，这类欺凌通常发生在女生之间。其具体表现形式有：（1）刻意孤立，如禁止全班同学与被欺凌者说话，或集体活动时故意不通知其参加；（2）散布谣言，如捏造"偷东西""有传染病"等虚假信息，损害被欺凌者的名誉，谣言一旦传开，会让被欺凌者在同学心中的形象大打折扣，周围的人都对其避之不及；（3）挑拨离间，如怂恿他人与受害者绝交或制造误会破坏其友谊。

发起关系欺凌行为的欺凌者通常为小团体核心人物，擅长利用群体压力控制他人。动机多为巩固自身社交权力或报复竞争。例如，有些学生为了维护自己在小团体中的领导地位，会故意排挤那些可能对自己的地位构成威胁的同学；还有些学生因为与他人发生矛盾，便通过散布谣言来报复对方。反观被欺凌者，他们一般社交能力较弱，难以融入主流群体。转学生、成绩优异者或性格独特者易成为欺凌者的目标。

（四）网络欺凌

网络欺凌指通过互联网平台（如社交媒体、即时通信工具）实施侮辱、骚扰或隐私侵犯。其表现形式有：（1）公开羞辱与人身攻击，如在班级群发布恶意图片；（2）泄露隐私，如传播被欺凌者的日记内容截图或公开其父母的职业并进行嘲讽；（3）持续性骚扰，如通过匿名账号发送死亡威胁或色情信息。

实施网络欺凌行为的欺凌者通常熟悉网络技术，利用匿名性逃避责任。部分欺凌者在线下与受害者无直接冲突，纯粹出于娱乐心理。例如，有些学生在网络上以匿名的身份发表攻击性言论，觉得这样既不会被发现，又能获得一种"快感"。他们可能只是为了好玩，却没有意识到自己的行为可能会给他人带来很大的伤害。

（五）性欺凌

性欺凌通常指基于性别或性取向的侮辱、骚扰或身体侵犯。这类欺凌多发生在女生中，但男生也会因为性格等原因卷入其中。其具体表现形式有：（1）言语性骚扰，如对女生评头论足、传播黄色笑话或性暗示绰号；（2）身体侵犯，如故意触碰隐私部位或强行脱衣"恶作剧"；（3）性别歧视与羞辱，如嘲笑男生"娘娘腔"或女生"男人婆"，贬低其性别认同。

实施性欺凌行为的欺凌者受性别偏见或色情文化影响，将性相关行为视为"玩笑"。部分欺凌者可能存在性心理发育偏差。例如，一些学生受到不良文化的影响，对性的认知存在偏差，认为开一些带有性暗示的玩笑没什么大不了的，却不知道这已经构成了性欺凌。而被欺凌者往往以女生、性少数群体为主，因羞耻感或社会污名化，他们的求助意愿极低。女生在体力上相对较弱，更容易成为被侵犯的对象；性少数群体由于社会观念的原因往往会受到歧视和排斥，在遭受性欺凌时，他们害怕自己的性取向被曝光，担心会受到更严重的歧视，所以很少选择求助。

（六）财物欺凌

财物欺凌指通过强索、偷窃或破坏他人财物实施控制与羞辱。其具体的表现形式有：（1）强索钱财，如以"借钱"为名威胁被欺凌者定期交钱；（2）抢夺物品，如强行拿走他人的手机、零食或文具，拒不归还；（3）毁坏财物，如将被欺凌者的书包扔进垃圾桶或在其校服上涂鸦。

实施财物欺凌行为的欺凌者物质欲望强，可能伴有家庭经济拮据，通过占有他人财物彰显支配权（如"保护费"）。有些学生受到物质欲望的驱使，看到别人的好东西就想据为己有。被欺凌者的家庭经济状况并不能作为其受害的条件，据相关案例显示，经济条件优越或极度拮据者均可能成为被欺凌目标。经济条件优越的学生可能会携带一些昂贵的物品，容易引起他人的嫉妒和觊觎；而极度拮据的学生可能因为无法满足欺凌者的要求，而遭到更严重的欺负。

校园欺凌行为往往呈现类型交叉性，如网络欺凌同时包含言语攻击与隐私侵犯，且欺凌者与被欺凌者的角色可能随情境转换，如被欺凌者转变为报复性欺凌者。

三、校园欺凌行为的识别和评定

校园欺凌现象严重威胁着学生的身心健康，破坏校园秩序的和谐稳定，对其进行精准识别与科学评定具有深远且关键的意义，是构筑有效防治校园欺凌体系的基石。从理论上来看，依据社会学习理论和生态系统理论，只有凭借专业的方法和工具，明确欺凌行为的存在、准确界定其严重程度，才能遵循教育学和心理学原理，有的放矢地采取预防措施，制定科学的干预策略。从实践角度而言，精准识别欺凌者与被欺凌者，深入了解欺凌行为发生的频率、类型及危害程度，能够让教育者、学校管理者及相关部门在遵循教育法规和伦理准则的基础上，及时介入。这不仅能有效避免欺凌行为的恶化，还能依据不同学生的身心特点，降低欺凌对学生身心的伤害，营造安全、和谐、健康的校园环境，全方位守护学生的健康成长，助力其在良好的校园生态中实现全面发展。

（一）被欺凌者的潜在征兆

在校园环境中，被欺凌者往往呈现出多维度、渐进性的异常表现。在校园场景中，这些学生持续承受着复合型伤害：言语层面包括具有侮辱性质的绰号、恶意嘲讽及人格贬低；行为层面则面临威胁恐吓、强制服从指令、肢体暴力（推搡、击打等）及财物损毁。因此，其身体常出现无法合理解释的淤青、擦伤或衣物破损；社交参与度显著降低，表现为课堂活动中的退缩行为、集体协作时的边缘化处境，并伴随学业表现断崖式下滑。

家庭环境中的异常表现与校园经历相互印证：个人物品非常规损坏、身体伤痕呈现特定分布模式；社交孤立表现为拒绝参与有同龄人的活动，产生强烈的抗拒上学的心理；生理机能紊乱体现在食欲异常、睡眠障碍等躯体化反应；心理行为异常则表现为情绪调节失控（突发性哭泣/愤怒）、非常规获取财物等适应不良行为。

综合这些校内外的表现，我们能清晰地看到被欺凌者共有的特征。身体力量的弱势让他们在面对暴力时无力反抗，导致他们在面对他人的暴力行为时内心充满恐惧，常常出现条件反射式的防御姿态；性格的孤僻内向、安全感的严重缺失、深深的自卑心理，导致他们在与同龄人交往时存在障碍，因此会出现与成人建立依恋关系的补偿性行为。

值得注意的是，还有一类特殊的被欺凌者——挑衅型被欺凌者。与常见的被动被欺凌者不同，他们自身存在攻击性强、情绪焦虑等问题，会主动挑衅他人，容易成为被欺凌的目标。更复杂的是，这类学生因其固有的攻击倾向和情绪问题，有时会转而欺凌更弱小的同学，从而在欺凌者与被欺凌者的双重身份间不断转换。这种复杂的身份转变，进一步突显了校园欺凌问题的复杂本质与多元表现形态。

（二）欺凌者的潜在征兆

针对校园欺凌，洞察欺凌者的潜在征兆与行为特征，对有效防治校园欺凌意义重大。

由于多数欺凌事件发生在校园内，因此欺凌者的表征主要体现在校内环境。一般来看，欺凌行为具有恶意重复性，欺凌者会频繁地恶意挑逗、嘲笑、辱骂、恐吓同学，甚至推搡、踢打同学，蓄意破坏他人财物。部分欺凌者还会诱导同伴协助，将旁观者卷入其中。从个体特质看，欺凌者多体格强壮，年龄可能偏大，在游戏、体育或争斗中表现突出，热衷通过支配、制服他人彰显力量。他们性情急躁、易冲动发火，对挫折耐受度低，规则意识淡薄，常抵触、挑衅甚至攻击成年人，缺乏同情心，态度冷漠。追溯过往，他们早年可能就有偷东西、故意搞破坏等不良行为，进而发展为严重的暴力欺凌。

（三）欺凌行为的识别方法

1.校园欺凌测量工具——调查问卷表

在校园欺凌行为的识别上，科学有效的方法与工具至关重要，校园欺凌调查问卷则是其中最直接且关键的工具之一[①]。通过精心设计的问卷并实施问卷调研，能够深入了解校园中欺凌行为的发生状况、涉及人群及影响程度。在众多相关问卷中，张文新等学者修订的《奥维尤斯儿童欺负问卷》（中文版），凭借其严谨的理论架构和广泛的适用性，在我国校园欺凌研究中运用极为广泛。该问卷围绕欺凌行为的类型、频率、发生场景等多维度进行设计，为研究者提供了丰富的数据信息，能够较为全面、清晰反映校园欺凌行为的实际情况。陈世平教授修订的《史密斯欺负问卷》同样具有重要价值，其从不同角度对欺凌行为进行剖析，在国内教育领域的实践中也发挥着积极作用，为校园欺凌的识别提供了有力的支持。

定期使用校园欺凌调查问卷，就如同在校园中建立起一个长期的"监测站"，能够不间断地动态观察欺凌行为的变化趋势。在初次使用问卷调查时，可能会发现一些潜在的欺凌现象和问题，随着时间的推移进行多次调查，通过对比不同时期的数据，可以清晰地看到欺凌行为是增加了还是减少了，以及是否出现了新的特点和趋势。例如，通过分析不同学期的问卷数据，可能会发现某个年级在特定时间段内言语欺凌的频率有所上升，这就为后续的针对性干预提供了重要线索。

除了上述专门的校园欺凌调查问卷，儿童抑郁量表、儿童多维焦虑量表等测量工具也能在校园欺凌识别中发挥重要的辅助作用。这些辅助量表与校园欺凌调查问卷相互配合，从多个角度为校园欺凌的识别提供全面而细致的数据支持，共同为守护校园安全和学生的身心健康贡献力量。

---

① 刘潇雨. 家校联合下的受欺凌者识别研究——基于 PISA2015 的思考 ［J］. 广西教育学院学报，2020（3）：72-76.

2. 绘制"被欺凌者识别量表"

学生的日常活动多集中于学校与家庭之间，呈两点一线的模式。这两个场所堪称洞察学生身心状态的关键窗口，全方位映射出学生在情绪、行为、身体状况等各方面的真实情况。因此，作为学生成长路上的重要陪伴者，家长与老师需要分别从家庭和学校的视角对学生进行细致入微的观察。这种家校联合的紧密模式，能够有效整合双方获取的信息，及时发现学生可能存在的异常。例如，老师在学校观察到学生在课堂上注意力不集中、总是独自活动，家长在家发现孩子睡眠不安稳、抗拒谈论学校生活，将这些信息综合起来，就能更准确地判断学生是否遭遇了校园欺凌。鉴于此，针对被欺凌者的典型特点与特征，通过科学分类的方式，将相关表现以精简的语言、明晰的形式制作成量表，就显得尤为必要。这份量表能够成为家长与老师的实用指南，帮助他们快速掌握识别校园欺凌的要点，促进家校协同合作，让校园欺凌的迹象无所遁形。

3. 利用人工智能识别校园欺凌

传统校园欺凌与暴力识别方式存在明显短板，难以实现全方位、实时性的监测。在此背景下，人工智能成为解决这一难题的新思路。它能 7×24 小时接入校园监控，凭借算法快速分析视频，实时预警异常行为，打破人力监控在时间与精力方面的局限。同时，人工智能还能深度挖掘海量数据，精准区分正常与异常行为，减少误判，降低人力成本，关联多源数据辅助判断欺凌隐患，全面提升校园安全管理效率。

（四）欺凌行为的评估

校园欺凌对学生的身心健康、校园秩序与教育生态有着不容忽视的负面影响，因此开展校园欺凌评估工作具有极为重要的意义，能够精准定位欺凌行为的发生状况、影响范围与严重程度，进而为后续制定行之有效的干预策略提供有力的数据支撑与决策依据，从根源上预防欺凌事件的发生，切实保障学生的权益，营造安全有序的校园环境。

评估过程可拆解为以下几个关键步骤：（1）构建科学合理的评价指标体系，涵盖欺凌行为的类型（如身体攻击、言语侮辱、关系操控等）、发生频率、影响范围、对被欺凌者身心造成的伤害程度，以及事件发生的具体场景等多个维度；（2）在此基础上，运用问卷调查法广泛收集学生、教师及家长的数据信息，从而获取大量量化数据；（3）原始量化数据存在繁杂琐碎、难以直观解读的问题，因此需借助特定的数学模型与统计方法，将这些量化数据转化为直观的等级评估结果。等级评估结果简洁直观，能够帮助学校管理者、教育部门迅速掌握校园欺凌的整体态势，也有助于实现资源的优化配置，依据不同等级的欺凌状况，合理调配人力、物力进行有针对性的干预，避免资源浪费。

第三章

校园欺凌行为的预防策略

在深入探讨预防校园欺凌行为的策略时，我们不难发现，单纯的谴责与惩罚虽能暂时遏制欺凌现象蔓延，却难以从根本上解决问题。因此，我们需要转变思路，从多方面入手，构建一系列预防校园欺凌的策略，构建一个全面、系统的预防体系。从加强学生的道德教育，培养他们的同理心与责任感，到制定并执行严格的校规校纪，明确界定欺凌行为的界限与后果；从提供及时有效的心理支持与辅导，帮助被欺凌者重建自信，到建立多方参与的防范机制，形成家 - 校 - 社的合力。这一系列策略相辅相成，共同构成了一个立体化的防护网。接下来，让我们逐一解析这些策略，探讨它们在预防校园欺凌中的具体应用与成效。

一、学校层面的制度与措施

（一）制度体系建设

校园欺凌防治制度体系建设至关重要，它关乎学生的身心健康、校园的和谐与安全。通过明确界定欺凌行为、建立快速反应机制、加强师生教育与培训，能有效预防和减少欺凌事件的发生。这不仅保护了受害者的权益，还将促进欺凌者改过自新，进而营造一个尊重、包容的学习环境。制度是防线，更是保障，确保学生在安全的校园中茁壮成长。

1. 组织结构与职责明确

当前，校园欺凌问题备受社会各界的关注。为了保护儿童和青少年的身心健康，构建安全、和谐的学习环境，制度建设是首要环节。通过明确各级教育行政部门与学校的职责（分工），可以有效地遏制校园欺凌事件的发生，让校园成为学生快乐、成长的乐园。

（1）省级教育行政部门的职责

省级教育行政部门在防止校园欺凌工作中起到了重要的作用。从行政部门的视角，需要认真地解读国家法律与政策，并根据实际情况制定合适的工作指南，为下级教育部门与学校提供明确的操作方向，为防治工作的开展奠定基础。除了制定政策，省级教育行政部门需要将具体工作传达给各区县，保障区县内都有明确的任务与目标。同时，省级教育行政部门还可以定期对区县内开展的工作进度情况、执行情况进行监督，通过网格调查、实地考察等方式，全面了解当前区县防治校园欺凌方面取得的进展及存在的问题。

（2）区县级教育行政部门的职责

区县教育行政部门作为防治校园欺凌工作的中坚力量，上要熟悉有关校园欺凌治理的国家、省级文件，下要了解学校、师生的具体情况。要指导学校落实校园欺凌防治指标体系，辅助学校构建完善的防治机制。为推进学校改进工作，区县级教育行政部门还需要坚定推进"一岗双责"和"一岗多责"，定期进行检查，对落实工作不力的学校进行警示。此外，还应有意识地培养本区县的"欺凌治理种子专家"，这些专家将在校园欺凌防治攻坚工作中发挥常态化监督和指导作用，保障各项工作落到实处。

（3）学校的组织结构与职责

学校作为防治校园欺凌的主阵地，为了强化工作的开展，应当设置专门的"欺凌治理委员会"，负责全校范围内的欺凌防治工作开展。委员会成员由学校领导、教师代表、法治副校长及家长代表等组成，共同商讨和解决校园欺凌问题。同时设立常设性工作机构"三人小组"，由德育（安全）副校长、德育（安全）主任和心理老师等组成。这个小组将负责日常具体工作执行，包括定期开展欺凌调查、处理欺凌事件和提供心理辅导等。在班级管理层面，班主任作为班级管理的主要负责人，需要对班级开展定期欺凌检查，及时发现并跟进欺凌苗头或线索。通过与学生的密切交流，班主任可以第一时间了解当前班级内的情况，为防止校园欺凌做出应有的贡献。

（4）学生群体的参与

芬兰校园"反欺凌"项目，以同伴群体互动作为治理理论基础，强调引导同伴之间的良性交往，转变围观者的角色，净化同伴群体交往空间[①]。因此，学生群体不仅是被教育的对象，也可以积极参与到校园欺凌防治的工作中，成为"防治工作成员"。为充分发挥学生的自我管理及监督作用，倡导推行"反欺凌小卫士"实践项目，通过选拔和培训一批有责任心、有正义感的学生担任"反欺凌小卫士"，让学生在日常生活中发现和报告欺凌行为，以此遏制校园欺凌事件的发生。

2. 制度完善与要求执行策略

制度完善与要求执行策略如表 3-1 所示。

表 3-1　制度完善与要求执行策略

类别	策略内容	具体措施
制度完善	制定全面的校园欺凌防治制度	1. 明确防治目标，制定详细的工作规划 2. 完善校规校纪，界定欺凌行为、处罚标准和处理流程 3. 制定应急预案，明确应急响应机制、信息报告流程、处置措施和责任分工

① 薛国凤，王明. 校园反欺凌中的同伴群体互动：芬兰 KiVa 项目理论及启示［J］. 中小学德育，2022（6）：38-42.

（续表）

类别	策略内容	具体措施
制度完善	加强法律法规支撑	1. 落实《中华人民共和国义务教育法》《中华人民共和国未成年人保护法》《中华人民共和国预防未成年人犯罪法》等法律法规 2. 鼓励和支持地方政府制定地方性法规或规章
	建立多方参与机制	1. 家校合作，明确家长的责任和义务 2. 与社区、公安、司法、医疗等部门建立联动机制
要求执行	加强宣传教育	1. 普及防治知识，提高师生认识和防范欺凌的能力 2. 强化法治教育，培养师生法律意识和法治观念
	实施全员培训	1. 定期对学校教职工开展专题培训 2. 开展家长教育活动，普及预防欺凌的知识
	强化监督检查	1. 建立监督机制，定期检查评估 2. 确保信息公开，接受社会监督
	严格责任追究	1. 明确主体责任，建立追究机制 2. 加大惩处力度，严肃处理欺凌行为和违法犯罪行为

3. 机构运行与处理办法

在构建中小学欺凌防治体系和筑牢儿童、青少年校园安全防线的过程中，机构运行与处理是非常重要且关键的环节。构建一个高效、系统的欺凌防治体系，需要明确各级机构的职责（见表3-2），制定合理的处理流程，及时发现欺凌行为，并对其实施有效的干预及严肃的处理。

表 3-2　机构设置与职责

机构层面	设置	成员 / 职责
学校层面	成立防欺凌专项工作组	组长（校长 / 副校长）：全面规划和监督，协调资源
		德育（安全）主任：具体执行，衔接处理校园欺凌问题
		班主任：班级第一责任人，日常观察、干预和上报
		心理健康教师：提供专业咨询和辅导
		法治副校长：法律指导和支持，参与调查与处理
教育行政部门	设立防欺凌专项管理部门	负责监督、指导和评估区域内学校的欺凌防治工作
	建立联动机制	与教育、公安、司法等部门共同处理跨学校的欺凌事件

　　在构建中小学欺凌防治体系中，提醒、批评、警告、处分、判罚 5 个维度的处理方式可以形成递进式的干预体系（见表3-3）。学校、教育行政部门、公安机关及司法机关等各方密切配合，形成严密的防范校园欺凌安全网，通过明确机构职责、细化处理流程、强化跨部门协调等，保障对欺凌行为的及时发现、有效干预及严肃处理，为学生成长营造安全、和谐的校园环境。

表 3-3　处理办法

处理阶段	目的	实施主体	操作流程
提醒	防止事态升级	班主任 / 任课教师	发现不当行为，私下谈话，记录跟踪
批评	严肃批评教育，明确行为界限	班主任 / 德育主任 / 家长	组织会谈，批评教育，要求家长加强监督，安排心理疏导
警告	给予政治警告，强化震慑效果	学校专项工作组 / 法治副校长	审议事件，决定警告处分，阐明法律后果，全校通报

（续表）

处理阶段	目的	实施主体	操作流程
处分	维护校园秩序	学校专项工作组 / 教育行政部门	提出处分建议，审议通过，报教育行政部门备案，公布处分决定，安排心理辅导
判罚	依法追究责任，保护受害学生权益	公安机关 / 司法机关 / 教育行政部门	学校报警并协助调查，公安机关立案侦查，司法机关判罚，教育行政部门监督并协助处理善后

（二）课程体系实施

通过系统化设计共情课程、反欺凌教育课程及心理健康教育课程三位一体的课程体系，从情感培养、行为塑造和认知建构 3 个维度全面提升学生的防欺凌意识与自我保护能力，从而在校园内构建起让欺凌行为无处遁形的防护网络。

1. 共情课程

通过系统的共情教育，培养学生深刻的情感共鸣能力，促进同学间的相互尊重、相互理解，有效预防和减少校园欺凌事件的发生。

（1）课程目标

共情课程目标如表 3-4 所示。

表 3-4　共情课程目标

课程目标	目标内容
增进学生之间的情感共鸣	通过活动和实践，让学生理解他人的情感和需求，培养同理心

（续表）

课程目标	目标内容
提升尊重与理解	教育学生尊重他人的差异，理解他人的立场和感受，培养包容的心态
预防校园欺凌	通过情感教育和案例分析，让学生了解校园欺凌的危害，学会预防和应对欺凌

（2）课程内容

共情课程内容如表 3-5 所示。

表 3-5　共情课程内容

课程模块	子模块与内容
共情基础知识	1. 共情的概念与重要性 2. 情感认知与表达的基础理论 3. 情绪识别与调节技巧
自我认知	1. 自我情绪体验与反思 2. 个人价值观与信念的塑造 3. 自我情绪管理策略
倾听与表达	1. 积极倾听技巧训练 2. 清晰表达个人感受与需求 3. 有效沟通技巧实践
尊重与理解	1. 尊重差异性的重要性 2. 多元文化视角下的理解与包容 3. 建立正面的人际关系
校园欺凌基础知识	1. 校园欺凌的定义与类型 2. 校园欺凌的危害与后果 3. 案例分析：欺凌事件的影响与应对

（续表）

课程模块	子模块与内容
情感共鸣实践	1. 角色扮演与情景模拟 2. 小组讨论与分享：欺凌与反欺凌的经验 3. 实践活动：共情日记与反思
反欺凌策略	1. 如何识别与预防欺凌 2. 遇到欺凌时的应对策略 3. 求助途径与资源利用
情绪支持网络	1. 建立同学间的支持小组 2. 学习向老师、家长及专业人员求助的技巧 3. 培养积极的社会支持系统

（3）课程实施方式

共情课程实施方式如表 3-6 所示。

表 3-6　共情课程实施方式

实施方式	方式描述
理论讲授	通过课堂讲解，介绍共情的基本概念、情感认知与表达技巧、校园欺凌的认知等理论知识
小组讨论	组织学生就特定主题进行小组讨论，分享个人经验和看法，促进思维碰撞与情感交流，加深对课程内容的理解和应用
角色扮演	设计角色扮演活动，让学生在模拟情境中体验不同角色的情感和立场，增进相互理解，培养学生的同理心和共情能力
案例分析	通过真实或虚构的欺凌案例，引导学生分析欺凌的危害、原因及应对策略，提高学生的问题分析和解决能力
实践活动	组织共情日记、情感共鸣练习、校园反欺凌宣传等实践活动，让学生在实践中加深对共情和反欺凌的认识，提升实际应用能力

（4）课程评估与反馈

共情课程评估与反馈如表 3-7 所示。

表 3-7　共情课程评估与反馈

评估与反馈方式	内容描述
过程评价	通过观察学生在课堂上的参与度、讨论表现和实践活动的完成情况，全面评估学生的学习状态和情感共鸣能力
成果展示	鼓励学生通过撰写小论文、制作海报、进行演讲等多种形式展示学习成果，分享自己对共情和反欺凌的理解和感悟，以此检验学习效果
反馈收集	通过发放调查问卷、组织访谈等方式，广泛收集学生、教师和家长的反馈意见，深入了解课程实施效果，为课程内容的完善和实施方式的优化提供依据

通过上述共情课程设计与实施，旨在全面提升学生的情感共鸣能力、尊重与理解意识，以及预防与应对校园欺凌能力，为构建和谐、安全的校园环境奠定基础。

2. 反欺凌教育课程

通过系统地开展反欺凌教育，强化学生的反欺凌意识，提升学生识别与应对欺凌行为的能力，营造安全、和谐的校园环境。

（1）课程目标

反欺凌教育课程目标如表 3-8 所示。

表 3-8　反欺凌教育课程目标

课程目标	具体内容
强化反欺凌意识	使学生充分认识到欺凌行为的危害，了解尊重、理解和友善的重要性
提升识别能力	教会学生识别欺凌行为的早期信号，增强对潜在欺凌行为的警觉性
提高应对能力	提高学生面对欺凌行为时有效、安全应对和自我保护的能力
营造和谐环境	共同营造全员参与的安全、稳定、尊重、和谐的校园环境

（2）课程内容

反欺凌教育课程内容如表 3-9 所示。

表 3-9　反欺凌教育课程内容

课程模块	模块目标	子模块与内容
认识欺凌	了解欺凌的定义、类型、特征及危害	1. 定义与类型：介绍欺凌的定义，包括言语欺凌、身体欺凌、网络欺凌和关系欺凌等类型 2. 特征与危害：分析欺凌行为的特征，如权力失衡、持续性、隐蔽性等，并讨论其对被欺凌者身心健康的危害 3. 案例分析：通过具体案例，让学生直观感受欺凌的危害
识别欺凌	教会学生识别欺凌行为的早期信号和阶段特征	1. 欺凌行为发展模型解析：介绍欺凌行为生成的"两过程五阶段"模型，即欺凌种子、欺凌初发、欺凌萌芽、标准欺凌、严重欺凌 2. 预警信号识别：详细讲解欺凌行为先兆的十大识别要素，包括目的、态度、程度、频率、人数、范围、性质、方式、场景、特质 3. 练习与讨论：通过模拟场景，让学生分组讨论并识别欺凌行为的不同阶段

（续表）

课程模块	模块目标	子模块与内容
应对欺凌	培养应对技巧和自我保护意识	1. 自我保护技巧：教授学生面对欺凌时保持冷静、及时求助、记录证据等自我保护技巧 2. 寻求帮助途径：介绍学校内外的求助渠道，包括向老师、家长、学校心理咨询室及报警系统等求助的方式 3. 模拟演练：组织角色扮演和情景模拟，让学生在实践中学习如何有效应对欺凌行为
告别欺凌	通过全员参与，共同营造尊重、友善的校园环境	1. 友善班级建设：讨论并制定班级公约，强调尊重、理解和友善的重要性，营造友善的班级氛围 2. 校园文化活动：组织各类文化活动，如主题班会、心理剧表演、友善故事分享等，增强学生的团队意识和合作精神 3. 家校合作：强调家庭教育的重要性，指导家长如何识别和处理孩子的欺凌行为，促进家校共育

（3）课程实施方式

反欺凌教育课程实施方式如表 3-10 所示。

表 3-10　反欺凌教育课程实施方式

实施方式	方式描述
互动式教学	采用小组合作、辨析讨论、角色扮演、案例分析等互动式教学法，增强学生的学习兴趣、参与度，培养独立思考的能力
多媒体辅助教学	利用多媒体教学资源，如视频、图片、动画等，直观展示欺凌行为的危害和应对方法

（4）课程评估与反馈

反欺凌教育课程评估与反馈如表 3-11 所示。

表 3-11　反欺凌教育课程评估与反馈

评估与反馈方式	内容描述
课堂表现	观察学生在课堂上的参与度、讨论积极性和互动情况
小组讨论报告	要求学生分组完成关于识别与应对欺凌行为的报告，并进行汇报交流
自我反思	鼓励学生撰写学习心得，反思自己对欺凌行为的认识和改变，评估个人学习成效

通过开展反欺凌教育课程，可以强化学生的反欺凌意识，教授学生识别及应对欺凌行为的方法，促进家校合作，共同营造安全、和谐的校园环境。

3. 心理健康教育课程

为了有效预防与应对校园欺凌，强化学生心理健康教育显得非常重要。本课程设计旨在通过系统化的心理健康教育活动，提升学生的心理健康水平，提升学生的自我认知、情绪管理及人际交往水平，以此减少校园欺凌事件的发生。

（1）课程目标

心理健康教育课程目标如表 3-12 所示。

表 3-12　心理健康教育课程目标

目标	目标内容
全面发展目标	通过心理健康教育，帮助学生树立积极向上的心态，培养良好的道德品质，促进学生全面发展

（续表）

目标	目标内容
预防干预目标	通过早期识别、早期干预，有效预防和减少欺凌事件的发生。通过系统的心理辅导活动，增强学生的自我保护意识和应对欺凌的能力[①]
实践运用目标	通过案例分析、角色扮演、情景模拟等实践活动，让学生在参与中学习和体验，提高应对欺凌的能力和心理素质。课程设计从学生生活实际出发，解决实际问题，使课程更具针对性和实效性
系统建设目标	通过开设心理健康教育课程、开展心理健康筛查与评估、建立校园心理辅导站等措施，形成全方位的心理健康教育网络，确保学生在遇到心理困扰时能够及时获得帮助和支持，有效减少欺凌事件的发生，并妥善处理欺凌事件后的善后工作

（2）课程内容

心理健康教育课程内容如表 3-13 所示。

表 3-13　心理健康教育课程内容

课程模块	模块目标	子模块与内容
认知自我模块	1. 帮助学生了解自我，包括性格、兴趣、价值观等，增强自我认知 2. 培养学生接纳自我及其自尊心、自信心	1. 认识自我：通过心理测试、自我反思、个人 SWOT 分析等活动，引导学生深入认识自己 2. 自我接纳与自尊心、自信心：通过小组讨论、角色扮演、分享会等形式，探讨自我接纳的重要性，学习如何建立自尊心、自信心

---

① 静进，欧萍，徐海青，等. 儿童心理行为专科建设专家共识［J］. 中国儿童保健杂志，2023，31（9）：929-934.

（续表）

课程模块	模块目标	子模块与内容
情绪管理模块	1. 帮助学生识别并合理表达自己的情绪 2. 掌握有效的情绪调节策略，提高自我情绪管理能力	1. 情绪识别与表达：通过情绪卡片游戏、情绪词汇接龙、角色扮演等活动，让学生体验不同的情绪，并学习如何正确表达情绪 2. 情绪调节策略：介绍深呼吸、放松训练、积极思考等情绪调节方法，并通过实践练习引导学生应用这些方法
人际交往模块	1. 培养建立良好团队合作、友谊的精神 2. 培养学生人际交往、学会有效沟通的能力	1. 团队合作与友谊：通过团队建设游戏、信任背摔、角色扮演等活动，增进学生之间的了解与信任，培养团队协作能力 2. 有效沟通：通过模拟对话、沟通技巧讲解、小组讨论等活动，教授学生如何倾听、清晰表达和有效反馈
应对欺凌模块	1. 了解校园欺凌的定义、类型及危害，普及常识，加深认知 2. 学会预防、应对校园欺凌的方法，提升自我保护的能力	1. 校园欺凌的认知：通过观看视频、案例分析、小组讨论等形式，加深学生对校园欺凌的认识 2. 预防与应对欺凌：介绍欺凌行为发展模型，通过角色扮演、情景模拟等活动，让学生学习如何识别和应对欺凌行为，提高自我保护能力
心理援助与辅导模块	1. 让学生了解心理援助的重要性，知道如何寻求帮助 2. 掌握心理危机干预的基本知识、方法	1. 寻求心理援助：介绍学校心理咨询室的功能、服务内容及预约方式，通过情景模拟、角色扮演等活动，鼓励学生主动寻求心理援助[①] 2. 心理危机干预：通过案例分析、小组讨论、模拟干预等形式，让学生了解心理危机干预的流程、注意事项及基本技能

---

① 杨颖，鲁小周. 情景模拟与角色扮演在异常心理学教学中的应用［J］. 安顺学院学报，2021，23（4）：81-84.

（3）课程实施方式

心理健康教育课程实施方式如表 3-14 所示。

表 3-14　心理健康教育课程实施方式

实施方式	方式描述
讲授法	通过教师的系统讲解，直接向学生传授知识，帮助学生构建心理健康理论基础。这种方法适用于介绍基本概念、原则和理论知识
案例分析法	选取具有代表性的校园欺凌案例，组织学生开展系统性、深层次的分析和研讨。通过案例分析，加深学生对知识的内化和迁移应用，培养学生的批判性思维和逻辑分析能力
角色扮演法	设定特定的情境和角色，让学生扮演不同的角色进行互动。通过角色扮演，让学生在模拟情境中体验不同的心理感受和行为反应，增强对理论知识的理解和记忆
小组讨论法	组织学生围绕某个特定主题进行小组讨论，鼓励学生积极参与、表达观点、分享经验。通过小组讨论，促进学生之间的思维碰撞和团队协作，提高解决问题的能力
体验学习法	通过设计一系列实践活动，如情绪卡片游戏、放松训练等，让学生在实践中学习和体验心理健康知识。激发学生的学习兴趣，提高学生参与的积极性

（4）课程评价与反馈

心理健康教育课程评估与反馈如表 3-15 所示。

表 3-15　心理健康教育课程评估与反馈

评估与反馈方式	内容描述
过程性评价	关注学生在课堂上的参与情况、讨论表现、互动活跃度等，通过即时反馈和个别指导，促进学生的学习和改进。评价内容包括但不限于学生的积极性、合作精神、思考深度等
结果性评价	通过心理测试、问卷调查等标准化评估工具，对学生的心理健康水平、课程学习成效进行量化评价。评估内容可能包括焦虑、抑郁水平的变化，以及学生对校园欺凌的认知和应对能力的提升等
学生反馈	定期收集学生对课程的意见和建议，通过问卷、访谈等形式，了解学生对课程内容的接受程度、教学方法的满意度及改进建议。学生的反馈是课程持续优化的重要依据

通过开展心理健康教育课程，学校可以全面、系统地提升学生的心理素质，有效预防和应对校园欺凌，促进学生的全面发展。

（三）活动体系开展

学校通过系统构建防治校园欺凌的活动体系，可以营造积极健康的校园文化氛围。在持续开展心理辅导、法治宣传、体育竞技、艺术熏陶、关爱表彰等多元化活动中，可以有效培养学生识别和应对校园欺凌的能力，使潜藏在学生群体中的欺凌隐患无所遁形，从源头上杜绝校园欺凌。

1. 心理辅导活动，化隐秘为公开

在校园欺凌防治工作中，心理辅导活动扮演着非常重要的角色。学校通过系统地开展学生心理辅导工作，可以有效地帮助学生识别并应对潜在的欺凌行为，具体工作如表 3-16 所示。

表 3-16　心理辅导活动工作

活动项目	活动内容	活动描述	预期效果
建立心理健康教育课程体系	课程设计	1. 围绕提高学生自我认知、情绪管理、人际交往及应对欺凌的能力设定具体教学目标 2. 包括认知自我、情绪调节、人际交往技巧、欺凌识别与应对等多样化教学内容 3. 采用讲授、讨论、角色扮演、案例分析等多种形式，增强课程互动性和趣味性	提升学生的自我认知和情绪调节的能力，培养学生人际交往中的同理心及提升解决冲突的能力，帮助学生掌握识别和应对欺凌的基本策略
	课程实施	1. 通过定期的心理健康讲座、主题班会等形式普及心理健康知识 2. 针对有特殊需求的学生提供一对一或小组形式的心理辅导	建立全员心理健康意识基础，为特殊需求的学生提供个性化支持，减少心理危机事件的潜在风险
开展心理健康筛查与评估	定期筛查	1. 利用专业筛查工具，定期评估学生的心理健康状况，及早发现并对潜在问题进行干预 2. 对数据进行科学分析，了解学生的心理健康状况和变化趋势，以便后期开展有针对性的工作	形成动态监测机制，及时识别潜在心理问题，为制定有针对性的干预方案提供依据
	建立心理档案	为每名学生建立心理档案，记录心理健康评估结果、辅导过程及成效	实现学生心理成长轨迹的可追溯管理，为长期心理发展评估提供系统支持
建立校园心理辅导站	设立专业团队	1. 成立由心理咨询师、班主任及心理辅导教师组成的团队 2. 定期对团队成员进行专业的、实操性的培训	构建专业化心理支持体系，提升教师团队的心理危机识别与干预能力

（续表）

活动项目	活动内容	活动描述	预期效果
建立校园心理辅导站	开放咨询时间	1. 设定固定心理辅导时间，如每周开放心理辅导室 2. 提供线上咨询渠道，如心理咨询热线或在线聊天平台	建立常态化心理支持渠道，促进学生主动寻求帮助的意愿，确保紧急心理需求得到及时响应
开展主题心理辅导活动	反欺凌主题活动	1. 举办心理健康讲座、主题班会、情景模拟等活动，增强反欺凌意识和自我保护能力 2. 通过角色扮演、小组讨论等形式体验欺凌行为的影响	提升学生对欺凌行为的辨识能力，培养旁观者主动干预的意识，形成校园反欺凌文化
	情绪管理与压力释放活动	1. 组织情绪管理工作坊、瑜伽课程、艺术创作等活动 2. 鼓励学生参与户外拓展、团队运动等活动	帮助学生掌握多样化的压力释放方法，促进情绪表达与提升自我调节能力
家校合作共育心理健康	家长教育	1. 定期举办家长培训班 2. 通过家长委员会、家校联系手册、家长会、家长学校、家访等方式普及心理健康知识	提升家庭心理健康教育水平，促进家庭教育与学校教育的理念协同
	家校联动	1. 建立家校联系机制，及时沟通学生在校和在家心理状况 2. 鼓励家长轮流参与学校心理辅导、团体建设活动	形成学生心理发展的家校共育模式，构建全方位支持网络
营造积极的校园文化氛围	强化正面引导	1. 通过校园广播、宣传栏等形式宣传积极向上的价值观和行为规范 2. 表彰和奖励在心理健康方面表现突出的学生	营造积极向上的校园文化氛围，强化学生的价值认同与行为示范效应
	建立支持性社交环境	1. 鼓励学生建立积极健康的人际关系网络 2. 建立学生心理互助小组或社团	促进学生形成良性同伴支持系统，减少社交孤立现象，增强集体归属感

通过以上心理辅导活动的开展，学校可以有效地将心理健康教育工作普及到每个人，让每个学生都能感受到关爱和支持，能够有效预防和减少校园欺凌事件的发生。同时，这也有助于构建更加和谐、健康的校园环境，促进学生的全面发展。

2. 法治宣传活动，化无知为敬畏

法治宣传活动旨在通过系统的法治教育，增强学生的法律意识，明确校园欺凌的法律界限，引导学生树立正确的价值观和行为规范，达到预防和减少校园欺凌事件发生的目的，具体工作如表 3-17 所示。

表 3-17　法治宣传活动工作

活动内容	活动描述	预期效果
法律知识讲座	邀请法律专家、法官、检察官等走进校园，讲解《中华人民共和国未成年人保护法》《中华人民共和国预防未成年人犯罪法》等相关法律法规	通过生动的案例讲解校园欺凌的法律后果，学生了解自身权益及如何运用法律武器保护自己[①]
法治主题班会	组织以"校园欺凌与法治"为主题的班会，鼓励学生讨论、分享对校园欺凌的认识和看法，以及如何通过法律手段维护自身权益	通过角色扮演、模拟法庭等形式，让学生在实践中学习法律知识，增强法律意识和法治观念[②]
法治手抄报比赛	1. 开展法治手抄报比赛，鼓励学生围绕校园欺凌与法治主题创作手抄报，通过图文并茂的形式展现法律知识和个人见解 2. 在校园内展出优秀手抄报作品	扩大法治宣传的影响力和覆盖面

① 关振蕊. 小学校园欺凌防治的策略探析［J］. 新课程，2020（47）：32-33.

② 韩春霞，王田田. 携手育"苗"护"未"成长［N］. 滨城时报，2024-10-16（4）.

（续表）

活动内容	活动描述	预期效果
校园法治文化长廊	在校园内设立法治文化长廊，展示校园欺凌案例、法律知识普及、学生优秀作品等，鼓励师生利用课余时间参观学习	营造浓厚的法治氛围，增强法治宣传的持续性和有效性

通过一系列法治宣传活动，让学生深刻认识到校园欺凌的严重性和危害性，增强学生的法治观念和自我保护意识；同时，培养学生对法律的敬畏之心，自觉遵守法律法规，共同维护校园安全和谐。

3. 体育竞技活动，化"战争"为竞争

体育竞技活动旨在通过正面、积极的竞争方式，引导学生将过剩的精力转移到健康、有益的活动中，减少因无聊、寻求刺激等原因引发一系列校园欺凌行为。同时，通过小组合作、团队协作与公平竞争教育，培养学生的集体荣誉感与规则意识，具体工作如表 3-18 所示。

表 3-18　体育竞技活动工作

活动内容	活动描述	预期效果
运动会	举办全校性的运动会，设置田径、球类、接力赛等多种比赛项目，鼓励学生全员参与	1. 通过比赛培养学生的规则意识 2. 增强学生的集体责任感和荣誉感 3. 促进学生身体健康，提高心理素质
体育兴趣小组	成立篮球、足球、乒乓球等体育兴趣小组，利用课余时间进行专业训练和比赛	1. 提高学生的体育技能和运动水平 2. 培养学生的团队合作意识，提高其抗压能力 3. 激发学生的运动兴趣，丰富课余生活

（续表）

活动内容	活动描述	预期效果
友谊赛与交流	组织校际的友谊赛和交流活动，促进校际的交流与合作	1. 通过与外校学生的互动，拓宽学生的视野 2. 培养学生的开放心态和包容精神 3. 增进学生之间的友谊和相互理解

　　丰富多彩的体育竞技活动能激发学生的运动热情和团队精神，使学生在学习之余找到健康的释放精力的途径。同时，通过正面的竞争与合作，培养学生的规则意识和集体荣誉感，减少因负面情绪和不良行为引发的校园欺凌事件。

　　4. 艺术熏陶活动，化独霸为分享

　　为有效预防和减少校园欺凌事件的发生，学校可以充分利用艺术的力量，通过举办各类艺术熏陶活动，营造和谐、友善的校园文化氛围，引导学生学会欣赏美、创造美，从而培养他们的共情能力和合作意识，减少个人主义和独霸行为，具体工作如表 3-19 所示。

表 3-19　艺术熏陶活动工作

活动项目	活动内容	活动描述	预期效果
音乐与戏剧表演	校园音乐节	组织学生合唱团、乐队演出等	通过集体排练和演出，提升学生沟通与协作的能力，培养团队精神
	校园戏剧节	组织学生创作并表演戏剧	引导学生创作反映友善、尊重、合作等价值观的作品，深刻理解这些价值观的内涵

（续表）

活动项目	活动内容	活动描述	预期效果
美术与手工艺展览	校园美术展览	展示学生的绘画、雕塑等作品	围绕"友善校园""拒绝欺凌"等主题，增强学生同理心和责任感
	手工艺比赛	组织学生制作手工艺品比赛	鼓励学生表达情感与想法，激发对美好事物的向往和追求
电影与纪录片放映	校园欺凌主题电影放映	筛选并放映如《少年的你》等电影	通过影片中的故事和人物，引导学生反思校园欺凌的危害性，学会关爱他人、尊重差异
	观影后活动	开展主题班会或征文比赛	鼓励学生分享观影感悟，加深对友善、团结等抽象概念的理解

通过这些艺术熏陶活动，学校可以营造一个充满爱与和谐的校园环境，让学生在欣赏美和创造美的过程中学会分享、合作与尊重，从而有效预防和减少校园欺凌事件的发生。

5. 关爱表彰活动，化教育为引领

为进一步强化校园欺凌防治工作，学校还应定期开展关爱表彰活动，通过正面激励的方式引导学生树立正确的价值观和养成好的行为习惯，具体工作如表 3-20 所示。

表 3-20　关爱表彰活动工作

活动项目	活动内容	活动描述	预期效果
关爱表彰活动	"友善之星"评选	在全校范围内开展评选，表彰表现出友善、尊重、乐于助人等优秀品质的学生	树立典型事例、表彰优秀学生，激发个体荣誉感和责任感
		注重公平、公正、公开原则，有理有据，真实典型	鼓励学生参评，增强其校园主人翁意识

（续表）

活动项目	活动内容	活动描述	预期效果
关爱表彰活动	"反欺凌小卫士"表彰	表彰在预防和制止校园欺凌方面做出突出贡献的学生	激励更多学生主动参与反欺凌工作中
		邀请获奖学生分享经历和感受，让全校师生共同感受他们的正能量和榜样的力量	
	家长与学校共同参与	邀请家长参与关爱表彰活动，了解孩子在校园中的表现和成长情况	加强家校合作，见证身边典型事例，共同营造良好的家庭教育氛围
		家长分享家庭教育经验和做法，与学校探讨预防和应对校园欺凌问题	鼓励家校共育，分享经验，为孩子的健康成长护航

通过关爱表彰活动，学校可以将教育工作转化为具体的行动和成果展示给全校师生及家长，让他们看到并感受到教育的力量和价值所在；同时，通过这些活动进一步弘扬正能量、树立正面典型、激发学生的积极性和创造力，为创建和谐、安全、友善的校园环境贡献自己的力量。

（四）评价体系完善

在校园欺凌行为的防治工作中，要强化评价体系的建设。完善校园欺凌防治的评价体系，有助于客观评估防治工作的成效，及时发现问题与不足。同时，校园欺凌防治评价体系不仅能准确评估学生间的相处状况，及时发现潜在的欺凌行为，还能通过正向激励与反馈机制，促进学生间的友好互动。

1.问卷调查，全面反馈

全校范围内的问卷调查是了解校园欺凌现状、收集师生及家长意见的重要途径。通过设计科学合理的问卷，可以全面、系统地收集关于校园欺凌的反馈信息，为后续的干预和治理提供依据，具体如表 3-21 所示。

表 3-21   调查问卷设计与反馈机制

项目	内容及注意事项
问卷设计	涵盖维度：包括学生对校园欺凌的认知、自身经历或观察到的欺凌行为、对防治措施的看法及建议 开放性问题：鼓励详细描述欺凌事件具体情况和个人感受 注意事项：匿名性保障，通过在线调查平台或纸质问卷密封回收，以确保受访者无需担心个人信息安全和隐私泄露
数据分析与反馈	数据分析：提炼关键信息和趋势 结果反馈：向学校管理层和相关部门反馈，为制定防治措施提供依据 注意事项：部分结果以匿名形式反馈给全校师生

2. 分级评价，全校诊断

分级评价是一种有效的校园欺凌治理模式。通过对不同层级的欺凌行为进行界定和评估，进而制定相应的干预措施，实现全校范围内的精准治理，具体如表 3-22 所示。

表 3-22   校园欺凌分级评价与防治体系框架

评价体系完善方面	具体内容
欺凌行为分级	分级标准：根据欺凌行为的性质、程度和后果等因素，将欺凌行为分为轻微欺凌、一般欺凌和严重欺凌 3 个级别 对应措施：不同级别的欺凌行为对应不同的干预措施和处理流程
全校性诊断	活动开展：定期开展全校性的校园欺凌诊断活动 信息收集：通过问卷调查、访谈、观察等方式收集信息 排查评估：对全校范围内的欺凌行为进行排查和评估，并按照分级标准进行分类和处理

（续表）

评价体系完善方面	具体内容
精准干预与治理	轻微欺凌：采取口头警告、心理辅导等方式进行干预 一般欺凌：通过家校合作、纪律处分等方式进行处理 严重欺凌：依法依规进行严肃处理，并追究相关责任人的法律责任
持续改进与优化	总结经验：在分级评价和全校诊断的基础上，不断总结经验教训 优化改进：对校园欺凌防治措施进行优化和改进 评估反馈：通过定期评估和反馈机制，确保校园欺凌防治工作取得实效

通过全校问卷和分级评价相结合的评价体系，可以实现对校园欺凌问题的全面监测和精准治理。这不仅能够及时发现和处理欺凌行为，还能为学校管理层制定科学的防治策略提供有力支持。让校园欺凌无处遁形，共同营造一个和谐、安全、健康的校园环境。

3. 建立档案，一人一案

学校为已发生的校园欺凌行为的欺凌者和被欺凌者分别建立档案，以便更加系统、全面地了解整个事件的脉络。同时，为每一位校园欺凌防治工作的领导和老师提供足够的信息，为心理老师提供更多可供参考的案例。

（1）建立专项档案

校园欺凌专项档案内容如表 3-23 所示。

表 3-23　校园欺凌专项档案内容

档案类别	记录内容
欺凌者档案	1. 欺凌行为记录：具体表现（如言语侮辱、肢体攻击等），发生时间、地点，涉及人员（被欺凌者、目击者等） 2. 个人基本信息：姓名、性别、年龄、年级、班级 3. 家庭背景：家庭成员构成、家庭经济状况、父母教育方式及亲子关系 4. 心理评估结果：心理健康状况、攻击性行为倾向、情绪管理能力评估 5. 教育干预记录：采取的干预措施（如心理辅导、行为训练等）、干预效果评估、后续跟进计划
被欺凌者档案	1. 被欺凌经历：欺凌行为的具体表现、发生时间、地点、频率、涉及欺凌者人数及特征 2. 个人基本信息：姓名、性别、年龄、年级、班级 3. 心理创伤记录：心理影响（如焦虑、抑郁、自卑等）、行为变化（如逃避社交、学习成绩下降等） 4. 干预措施记录：心理辅导、情绪支持，安全保护措施（如调换座位、提供护送等），学业及社交恢复计划 5. 恢复进展：心理恢复状态评估、学业及社交恢复情况、需要持续关注的问题及建议

（2）动态更新与维护

定期更新档案信息，确保内容的完整性、准确性和时效性。注意，需要遵守保密性原则，避免给当事人带来二次伤害。

4. 分级处理，及时矫正

依据校园欺凌的严重程度、影响范围及重复发生次数，我们将欺凌事件分为轻微、一般、严重和极严重 4 个等级。针对这 4 个等级的差异化处理措施和心理矫正措施如表 3-24 和表 3-25 所示。

表 3-24　校园欺凌差异化处理措施

欺凌程度	处理措施
轻微欺凌	口头警告、批评教育、加强日常监管
一般欺凌	口头警告、心理辅导，必要时通知家长参与教育
严重欺凌	1. 视情节给予纪律处分（如留校察看、停课反省等） 2. 启动家校合作，共同制定矫正方案
极严重欺凌	1. 学校纪律处分 2. 按流程及时上报教育主管部门、公安机关 3. 依法追究法律责任

表 3-25　校园欺凌心理矫正措施

对象	矫正措施
欺凌者	1. 心理咨询服务，帮助认识错误 2. 指导改正行为 3. 情绪管理和社交技能培训
被欺凌者	1. 心理咨询服务，缓解心理创伤 2. 情绪支持 3. 自信心重建和社交技能培训 4. 提供必要的心理干预，帮助被欺凌者尽快走出心理阴影

5. 跟踪调查，全程掌控

跟踪机制、定期评估与反馈机制、危机预警与干预机制如表 3-26 至表 3-28 所示。

表 3-26　校园欺凌跟踪机制

措施	描述
长期跟踪	对所有涉及欺凌事件的当事人进行长期跟踪
定期评估	定期评估当事人的行为和心理变化
跟踪小组	设立专门的跟踪调查小组，负责收集和分析跟踪数据

表 3-27　校园欺凌定期评估与反馈机制

措施	描述
定期评估	定期对欺凌者和被欺凌者进行评估，了解其现状和需求
及时调整	根据评估结果，及时调整干预措施
家长反馈	通过家长会、个别访谈等方式，向家长反馈跟踪结果，加强家校合作

表 3-28　校园欺凌危机预警与干预机制

措施	描述
危机预警	建立危机预警系统，一旦发现欺凌行为有复发迹象，立即启动干预程序
防止恶化	通过预警系统，及时干预，防止事态恶化
专业支持	加强与公安、司法等部门的联动，确保在必要时能够获得专业的支持

通过档案建立、分级处理和跟踪调查等措施，构建一个全方位、多层次的校园欺凌防治体系，确保每一起欺凌事件都能妥善得到处理，每一位受害者都能及时得到帮助，从而真正实现"让校园欺凌无隙可乘"的目标。

（五）智能体系建设

1.利用信息技术手段

现阶段，人工智能得到空前发展，人工智能助推教育数字化转型是教育发展的必然趋势。因此，校园欺凌的防治也要注入现代化信息技术手段的力量。

2.创新教育模式

校园反欺凌教育中的技术创新教育模式如表 3-29 所示。

表 3-29　校园反欺凌教育中的技术创新教育模式

措施	描述
智能识别系统	开发校园欺凌智能识别系统，运用人脸识别、行为分析等技术手段，通过识别声音中的谩骂、殴打等信息，向学校发出预警[①]。实现校园内欺凌行为的自动识别与及时报警。同时，利用大数据分析技术，对校园欺凌行为进行深度预警和预测分析，为学校提供精准的决策支持，有效预防和干预欺凌事件
在线教育平台	建立反欺凌在线教育平台，提供丰富多样的教育资源和学习工具。通过视频课程、在线测试、互动问答等多种形式，让学生能够随时随地进行自主学习和交流互动。同时，为家长和教师提供专业的反欺凌培训和指导服务，提升他们对校园欺凌问题的认识、理解和应对能力，共同维护校园安全

① 苑广阔. 安装反欺凌报警器，是一次有益尝试［J］. 湖南教育（B 版），2024（4）：17.

（续表）

措施	描述
网络沟通方式	学校可以借助互联网为家长开设网络课堂，普及相关的心理健康知识，促进家长对心理健康知识的学习。学校需要充分利用现代化的技术和手段，建立家长论坛、微信群等进行及时、高效的互动交流[①]
跨学科整合	将反欺凌教育与多学科进行整合和融合，形成跨学科的综合教育体系。例如，将心理学知识融入反欺凌教育中，帮助学生理解欺凌行为的心理动机和影响；将社会学知识融入反欺凌教育中，让学生了解欺凌行为在社会中的普遍性和危害性；将法学知识融入反欺凌教育中，让学生知晓相关法律法规和维权途径。通过跨学科整合教育与学习，提高学生的综合素养和应对各种复杂问题的能力

通过教育模式的创新，让学生感受到教育的意义，懂得如何在真实生活中应对和处理校园欺凌事件。

二、教师层面的教育与引导

在校园欺凌的防治工作中，教师扮演着第一责任人的角色。他们不仅是知识的传授者，更是学生情感的引导者、保护者和校园秩序的维护者。因此，从教师层面出发加强教育与引导，是有效预防和干预校园欺凌行为的关键[②]。

---

① 于梅. 家校协同视域下中学生心理危机预防及干预策略［J］. 新课程，2022（16）：58-59.

② 李思远. 校园欺凌强制报告的"失灵"：理论分析、问题审视与制度重塑［J］. 上海教育科研，2024（12）：9-15.

（一）构建预防校园欺凌方面的教师专业能力提升体系

校园欺凌问题已成为全球关注的焦点，严重影响学生的身心健康和校园安全。教师作为校园欺凌预防与干预的中坚力量，对其进行专业能力培养至关重要。

预防校园欺凌方面的教师专业能力提升体系如图 3-1 所示。

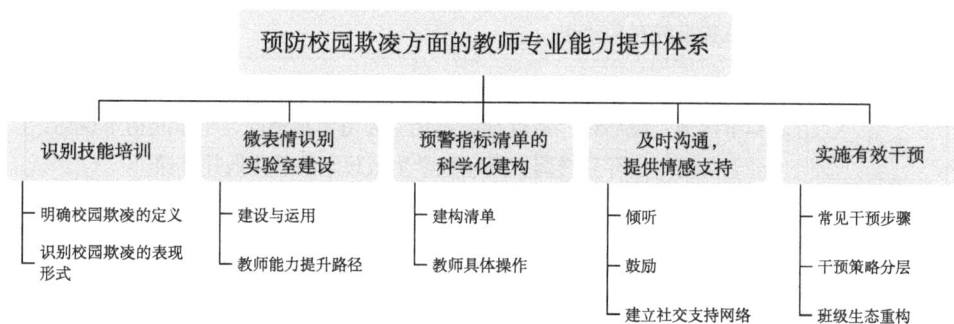

图 3-1　预防校园欺凌方面的教师专业能力提升体系

1. 识别技能培训

从知识维度来看，教师需要明确校园欺凌的定义，包括言语、身体、网络等多种形式的欺凌行为。教师识别欺凌行为的能力是干预的前提。

教师须具备敏锐的洞察力，这是及时发现并识别校园欺凌行为的前提。校园欺凌行为多种多样，既包括直接的身体伤害，如推搡、拳打脚踢等，也包括间接的心理伤害，如言语侮辱、恶意排挤、网络欺凌等。后者往往具有隐蔽性，不容易被察觉，因此教师需要更加细心地观察学生的言行举止，留意他们之间的互动方式。为了更准确地识别欺凌行为，教师需要深入了解学生的性格特点和行为模式[①]。

表 3-30 至表 3-34 是关于教师凭借敏锐洞察力识别和干预校园欺凌的典型案例。

表 3-30　教师凭借敏锐洞察力识别和干预校园欺凌的典型案例 1

类型	肢体欺凌的察觉与介入
背景	初中班主任李老师发现该班男生小张（化名）连续 3 天手臂有淤青，且课间总独自躲在角落里
观察与行动	1. 细节捕捉：李老师注意到小张刻意遮掩手臂，且回避同学靠近 2. 私下沟通：课后以"最近状态不佳"为由单独询问，小张起初不说话，经老师耐心引导后透露被高年级学生威胁索要零花钱并推搡 3. 多方联动：李老师立即上报德育处，调取监控确认欺凌者，联合心理老师安抚小张，并联系双方家长协商处理
结果	欺凌学生获得纪律处分，学校加强放学时段的巡查，小张逐渐恢复参与集体活动

表 3-31　教师凭借敏锐洞察力识别和干预校园欺凌的典型案例 2

类型	社交排斥的识别与化解
背景	小学五年级女生小雨（化名）学习成绩突然下滑，课间总低头不语，原好友小团体刻意疏远她
观察与行动	1. 反常信号：英语王老师发现上课时小雨多次举手回答问题却被同学打断，午餐时小雨独自坐在教室里 2. 迂回调查：通过让全班匿名写"烦恼纸条"，发现小雨因拒绝帮同学作弊遭排挤 3. 班会干预：开展"真正的友谊"主题班会，引导讨论诚信与尊重，并私下与小团体成员谈心

---

① 刘灵星. 小学教师如何干预校园欺凌［D］. 武汉：华中科技大学，2023.

（续表）

类型	社交排斥的识别与化解
结果	带头学生公开道歉，班级设立"友情守护员"角色，小雨重新融入集体

表 3-32　教师凭借敏锐洞察力识别和干预校园欺凌的典型案例 3

类型	网络欺凌的早期发现
背景	高中班主任陈老师发现该班女生小敏（化名）上课频繁查看手机，情绪焦躁，甚至拒绝穿校服
观察与行动	1. 数字痕迹：陈老师浏览班级匿名树洞平台（经学校授权），发现有人通过图片恶意丑化小敏并嘲讽其身材 2. 技术溯源：联系学校信息教师锁定发帖 IP，确认为同班某男生 3. 教育结合惩戒：对涉事学生进行网络安全法制教育，安排其参与反欺凌宣传活动，同时为小敏提供心理疏导
结果	学校增设网络伦理课程，班级建立网络行为监督小组，有效遏制类似事件再次发生

表 3-33　教师凭借敏锐洞察力识别和干预校园欺凌的典型案例 4

类型	言语欺凌的隐蔽干预
背景	实习教师刘老师听到学生起哄喊某男生"娘娘腔"，该生低头不语，迅速离开教室
观察与行动	1. 即时制止：当场严肃声明"尊重他人是底线"，要求起哄者课后留下 2. 深入沟通：了解该生因喜欢舞蹈课长期被嘲笑，于是邀请其在校艺术节担任领舞，扭转班级学生的偏见 3. 长期教育：在语文课中加入性别平等主题阅读，举办"差异与尊重"演讲比赛
结果	班级嘲笑行为减少，该男生重拾自信，主动担任文艺委员

表 3-34　教师凭借敏锐洞察力识别和干预校园欺凌的典型案例 5

类型	财物欺凌的细致追踪
背景	宿舍生活老师发现住校生小周（化名）多次"丢失"文具，且总在月底借钱
观察与行动	1. 模式分析：记录失窃时间均集中在周三下午（宿舍无监管时段），锁定同宿舍学生 2. 证据收集：通过检查储物柜发现"丢失"文具，确认一名学生因嫉妒小周成绩好而故意藏匿 3. 修复关系：要求欺凌者赔偿并公开检讨，安排双方共同完成互助学习项目
结果	宿舍增设物品保管箱，开展"合理竞争"主题讲座，促进学生良性互动

以上案例给予我们以下启示。

（1）观察维度：行为异常（孤僻、回避）、生理变化（伤痕、疲倦）、物品异常（损坏、丢失）、学习成绩波动。

（2）介入原则：保护隐私避免二次伤害、联合家庭与学校资源、注重长效教育而非简单惩罚。

（3）预防建设：定期培训教师识别技巧、建立匿名举报渠道、将反欺凌融入课程与校园文化。

每个学生都有其独特的个性和行为方式，教师应通过观察、交流和沟通，全面了解学生。这样，当学生出现异常行为时，教师就能迅速做出判断，识别是否存在欺凌行为。

2. 微表情识别实验室建设

根据心理学的研究，83%的欺凌初期信号通过非言语行为传递[1]。上海市

---

① Bandura A. Social Learning Theory [M]. Englewood Cliffs：Prentice-Hall，1977.

某重点中学建立的微表情识别实验室，通过模拟 12 种典型欺凌场景（如财物勒索、群体孤立），使教师掌握瞳孔变化、手势僵硬等微反应识别技术。参加培训的教师识别准确率从 47% 提升至 79%，建立的微表情识别实验室运作机制包含三大模块。

（1）情景模拟舱：通过 360° 环幕投影再现 8 类欺凌场景（如厕所围堵、网络诽谤）。

（2）生物反馈系统：实时监测参加培训教师的心率变化与皮肤电反应，评估情绪觉察敏感度。

（3）案例数据库：收录超过 2 000 小时的真实校园监控录像（经技术脱敏处理）。

表 3-35 至表 3-37 是教师通过微表情识别实验室的建设与应用提升自身对校园欺凌的识别与干预能力的典型案例。

**表 3-35　教师通过微表情识别实验室的建设与应用提升自身
对校园欺凌的识别与干预能力的典型案例 1**

类型	基于实时微表情监测的欺凌预警
背景	某中学在微表情识别实验室部署了智能摄像头与情绪分析系统，可实时捕捉学生课堂表情并生成情绪波动图谱
技术应用	1. 异常情绪捕捉：系统通过深度学习模型识别学生的微表情（如恐惧、愤怒、回避眼神），发现初二学生小艾（化名）在课间频繁出现紧张与恐惧情绪，尤其在特定同学靠近时 2. 数据关联分析：实验室后台将小艾的情绪数据与行为日志（如出勤率下降、社交回避记录）结合，生成高风险欺凌预警报告
教师行动	1. 班主任通过实验室的情绪热力图锁定欺凌高发时段，调取监控发现小艾被他人多次围堵在楼梯间 2. 结合实验室提供的情绪数据，联合心理老师对小艾进行心理辅导，并约谈涉事学生家长，启动校园调解程序

（续表）

类型	基于实时微表情监测的欺凌预警
结果	欺凌行为被及时制止，实验室新增情绪异常追踪功能，教师接受微表情数据分析培训，提升主动干预能力

表 3-36　教师通过微表情识别实验室的建设与应用提升自身
对校园欺凌的识别与干预能力的典型案例 2

类型	课后微表情回溯与隐性欺凌识别
背景	某小学教师发现五年级学生小布（化名）学习成绩下降，但未观察到明显的欺凌行为。通过微表情实验室的课堂录像回溯功能深入分析
技术应用	1. 微表情聚类分析：实验室系统对小布一周的课堂录像进行表情聚类，发现其在与某小组成员互动时频繁出现"嘴角下垂""眉头紧皱"等微表情，暗示情绪长期压抑 2. 社交网络映射：结合学生座位分布与互动频率数据，系统生成班级社交关系图，显示小布被孤立于核心社交圈外
教师行动	利用实验室的社交排斥指数报告，设计匿名问卷，发现小布因家庭经济困难遭到嘲笑 开展同理心工作坊，利用实验室的虚拟仿真场景让学生体验被孤立感，并引入人工智能生成的"反欺凌叙事"案例进行讨论
结果	班级建立隐形守护者制度，学生匿名举报欺凌线索增加 40%，小布通过实验室的情绪疏导虚拟角色逐步恢复自信

表 3-37　教师通过微表情识别实验室的建设与应用提升自身
对校园欺凌的识别与干预能力的典型案例 3

类型	跨班级微表情追踪与群体欺凌干预
背景	某高中教师发现多个班级的学生出现相似的焦虑微表情特征，怀疑存在跨班级欺凌

（续表）

类型	跨班级微表情追踪与群体欺凌干预
技术应用	1. 群体情绪图谱构建：实验室通过跨班级数据整合，识别出多个班级中的学生高频出现"低头躲避""快速眨眼"等微表情模式，定位欺凌者核心圈子 2. 言语 - 表情关联分析：系统将欺凌相关关键词（如侮辱性绰号）与对应时间段的微表情匹配，锁定言语欺凌高发场景
教师行动	1. 联合德育处利用实验室的情绪传播链模型，追溯欺凌源头至某校外社交群体 2. 设计"AI模拟法庭活动"，欺凌者通过虚拟现实技术体验被欺凌者的感受，实验室同步监测其共情能力变化
结果	学校建立跨班级欺凌联防机制，实验室新增"群体情绪预警"模块

3. 预警指标清单的科学化建构

通过学生报告和教师观察，建立多渠道预警机制。教师和家长的及时干预可以有效减少欺凌事件。基于德尔菲法整合教育学、心理学专家意见，形成双维度预警体系。在校园欺凌研究中，双维度模型可以定义为以下两个维度。

维度 1：欺凌行为的严重性（客观指标）。

维度 2：被欺凌者的心理反应（主观指标）。

通过结合客观维度和主观维度的指标，校园欺凌预警双维度模型能够帮助我们更全面地识别潜在的欺凌行为。客观维度关注可观察的外在表现，如身体伤害和物品损坏；主观维度则关注学生的情绪和社交变化。这种多维度的评估方法可以提高预警的准确性，帮助教师及时发现并干预校园欺凌事件。

校园欺凌预警双维度模型如表 3-38 所示。

表 3-38　校园欺凌预警双维度模型

维度	预警清单	操作化定义	验证工具
客观维度	反复出现身体淤伤	同一身体部位 3 天内出现 ≥ 2 次非意外性皮下出血	校医检查记录 + AI 伤痕识别系统
	个人物品异常损坏	每周发生 ≥ 3 次非自然损耗（如教科书被撕毁）	监控录像智能分析
	出勤率骤降	连续 5 天无故缺课或迟到	考勤系统数据分析 + 家庭访谈
主观维度	社交回避指数升高	社交网络密度下降 ≥ 30%（持续 2 周）	社交网络分析
	情绪波动异常	单日情绪剧烈波动 ≥ 5 次（通过智能手环监测）	生物反馈系统（皮电反应 + 心率变异性）
	绘画中出现攻击性符号	房树人测验中 ≥ 3 类高危符号（如尖牙、断裂肢体）	投射测验编码系统

教师在具体操作中可以结合客观指标和主观指标，对学生的整体状态进行综合评估。根据评估结果，将学生分为低风险、中风险和高风险 3 个等级。当学生的情绪状态或行为倾向达到预警阈值时，及时发出预警信号。针对不同风险等级的学生，制定个性化的干预措施，如心理辅导、行为矫正、家庭干预等。

4. 及时沟通，提供情感支持

教师在识别出欺凌行为后，应立即采取行动，积极与学生沟通、了解情况，并为被欺凌者提供情感支持。教师应成为学生的情感支柱，给予他们心理安慰和支持，帮助他们重建自信，减少欺凌事件的产生的影响[①]。

（1）教师应倾听被欺凌者的心声

倾听是一种有效的沟通方式，能够让学生感受到教师的关心和支持。在倾听过程中，教师应保持耐心和同理心，不要打断学生的诉说，也不要对他们的感受进行评判。通过倾听，教师可以真实、全面地了解学生的遭遇和感受，便于为他们提供有针对性的帮助。

（2）教师应给予被欺凌者积极的反馈和鼓励

欺凌行为往往会导致被欺凌者出现自卑、沮丧等负面情绪，因此教师需要给予他们积极的反馈和鼓励，帮助他们重建自信。教师可以肯定学生的优点和长处，鼓励他们勇敢面对困难，不要因欺凌事件而自暴自弃。

（3）教师应协助被欺凌者建立社交支持网络

社交支持网络是学生面对困难时的重要资源，可以帮助他们缓解压力、减轻心理负担。教师可以引导学生参与集体活动，扩大社交圈子。同时，教师也可以与家长、学校心理咨询师等人员合作，共同为被欺凌者提供全方位的支持和帮助。

表 3-39 至表 3-43 是教师发现欺凌现象后及时与学生沟通并提供情感支持的典型案例。

---

① 张强. 感知教师支持对初中生成就目标定向的影响：一个链式中介模型［D］. 牡丹江：牡丹江师范学院，2024.

表 3-39　教师发现欺凌现象后及时与学生沟通并提供情感支持的典型案例 1

类型	倾听与共情，化解孤立感
背景	初中女生小丽（化名）因体型偏胖被同学嘲笑，逐渐变得沉默寡言，甚至拒绝参加集体活动
教师行动	1. 主动倾听：班主任张老师注意到小丽的变化，课后以"最近感觉你有点不开心"为切入点，耐心倾听她的烦恼，避免直接提及欺凌，减轻她的心理负担 2. 共情表达：张老师分享自己学生时代被误解的经历，传递"被嘲笑不是你的错"的观念，并肯定小丽的优点（绘画天赋） 3. 情感支持：安排小丽担任班级黑板报设计负责人，通过展示才华赢得同学认可；同时与嘲笑者单独谈话，引导其反思自己的行为
结果	小丽逐渐恢复自信，班级开展"尊重差异"主题班会，嘲笑他人的行为显著减少

表 3-40　教师发现欺凌现象后及时与学生沟通并提供情感支持的典型案例 2

类型	建立信任关系，提供安全感
背景	小学男生小明（化名）因家庭经济困难被同学排挤，课间常独自躲在厕所哭泣
教师行动	1. 秘密约定：班主任李老师与小明约定"秘密信号"（如用手摸耳朵），当小明感到不安时可通过"秘密信号"随时寻求帮助，避免公开求助的尴尬 2. 情感支持：李老师每天抽出 5 分钟与小明聊天，了解他的情绪状态，并鼓励他参与班级志愿服务（如整理图书角），提升自我价值感 3. 家校联动：与家长沟通，建议家长多关注小明的情感需求；同时在学校设立"悄悄话信箱"，鼓励学生匿名表达困扰
结果	小明逐渐融入班级，同学通过"爱心义卖"活动帮助经济困难家庭的学生，班级氛围更加包容

表 3-41　教师发现欺凌现象后及时与学生沟通并提供情感支持的典型案例 3

类型	心理疏导与正向引导
背景	高中女生小芳（化名）因被造谣"早恋"遭网络欺凌，情绪崩溃，甚至产生厌学情绪
教师行动	1. 心理疏导：心理老师王老师通过沙盘游戏与小芳建立信任，引导她表达内心的感受，并教授情绪调节技巧（如深呼吸、正念冥想） 2. 正向引导：王老师帮助小芳梳理谣言背后的逻辑漏洞，鼓励她通过写作（如匿名投稿校刊）表达真实想法，逐步恢复自我认同 3. 集体教育：班主任组织"网络谣言与真相"辩论赛，引导学生理性看待网络信息，同时与涉事学生的家长沟通，要求删除不实言论
结果	小芳通过写作获得校级奖项，班级建立"网络文明监督员"制度，网络欺凌事件显著减少

表 3-42　教师发现欺凌现象后及时与学生沟通并提供情感支持的典型案例 4

类型	同伴支持与集体疗愈
背景	初中男生小强（化名）因性格内向被同学孤立，甚至被恶意取绰号，情绪低落
教师行动	1. 同伴支持：班主任刘老师秘密招募几名热心同学组成"守护天使"小组，主动邀请小强参与课间活动，逐步打破孤立局面 2. 集体疗愈：刘老师设计"优点轰炸"活动，让每名同学写下小强的优点并当众分享，帮助他重建自信 3. 长期关注：定期与小强的家长沟通，了解其情绪变化，并安排班级心理委员持续关注小强的社交状态
结果	小强逐渐融入班级，班级开展"友善待人"主题月活动，孤立行为基本消失

表 3-43　教师发现欺凌现象后及时与学生沟通并提供情感支持的典型案例 5

类型	艺术疗愈与自我表达
背景	小学女生小美（化名）因口吃被同学模仿、嘲笑，变得自卑，甚至拒绝发言
教师行动	1. 艺术疗愈：美术老师发现小美的绘画天赋，鼓励她通过绘画表达内心的感受，并举办个人画展，让同学了解她的内心世界 2. 自我表达：班主任设计"我的故事"分享会，让小美通过绘画讲述自己的成长经历，同学深受感动，嘲笑小美的同学主动道歉 3. 正向强化：班级设立"勇敢表达奖"，鼓励学生克服困难，小美因进步显著成为首位获奖者
结果	小美逐渐克服口吃恐惧，班级开展"尊重多样性"主题活动，嘲笑行为彻底消失

通过以上案例，我们发现教师在帮助被欺凌学生重建自信的同时需要注意以下几点。

（1）沟通技巧：倾听、共情、保密是建立信任的关键，避免直接批评或过度关注欺凌事件本身。

（2）情感支持：通过同伴支持、艺术疗愈、正向引导等方式，帮助学生重建自信与归属感。

（3）长期干预：建立家校联动机制，持续关注学生心理状态，将反欺凌教育融入日常教学。

（4）集体教育：通过主题活动、班会等形式，营造尊重、包容的班级氛围，从源头减少欺凌行为。

总之，教师既是知识的传授者，更是学生心灵的守护者。通过及时沟通与情感支持，教师可以帮助被欺凌学生走出阴影，重拾信心，同时推动校园文化的正向发展。

5.实施有效干预

（1）常用干预步骤

除了提供情感支持，教师还应掌握有效的干预技巧，以减轻欺凌事件的后果。这包括直接制止欺凌行为、调解冲突、引导双方对话和反思等，具体如表 3-44 所示。

表 3-44　教师常用干预步骤

步骤	应对措施	具体做法
第一步	直接制止欺凌行为	发现欺凌行为时，立即上前制止，明确表明立场和态度。严厉告知欺凌者停止行为，解释该行为对被欺凌者的伤害及后果，可将欺凌者带至一旁单独谈话教育
第二步	调解冲突	欺凌行为被制止后，引导双方表达自身感受和想法，助力双方化解矛盾，理解彼此感受和立场
第三步	引导双方对话和反思	组织双方面对面对话，使其直接表达感受和想法。教师保持中立公正，引导双方反思自身行为是否合适、是否给他人带来伤害，进而找到更好的解决办法

（2）干预策略分层

针对较轻的冲突，我们推荐使用对话圈技术，如图 3-2 所示。

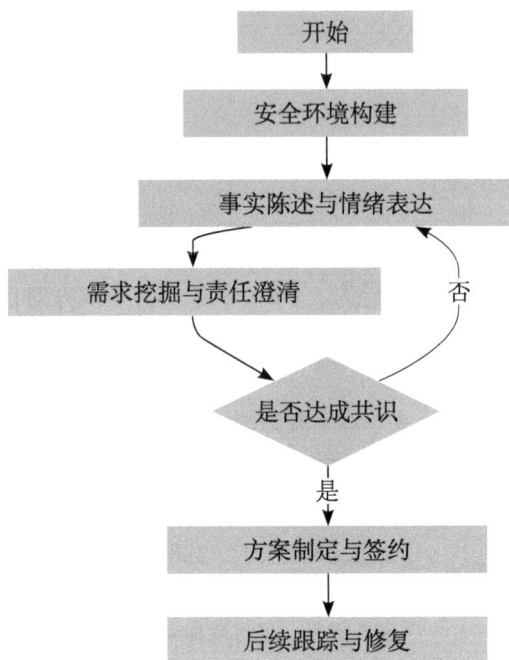

图 3-2　对话圈技术标准化流程

案例背景与实施框架：杭州市某外国语学校针对初二年级学生频发的日常冲突（如物品损坏、肢体触碰等），创新应用对话圈技术，结合心理学与社会工作方法，构建了五阶段干预模型（见表 3-45）。

表 3-45　基于对话圈技术的五阶段干预模型

步骤	核心要点	具体方式
1.安全环境构建	消除权利差异	采用圆形座位布局与发言权杖传递
2.事实陈述与情绪表达	还原事件全貌	轮询发言结合情绪卡片标注技术
3.需求挖掘与责任澄清	避免道德评判	运用"行为－影响链"分析法
4.共识协商与方案制定	筛选可行方案	通过匿名投票

（续表）

步骤	核心要点	具体方式
5.后续跟踪与心理修复	监测关系动态	结合社交网络分析

情景再现

学生A说学生B故意碰倒其水杯，疑似报复此前的小组作业分歧。结构化对话实录如下。

1. 事实陈述

教师引导：请传递发言石，学生A先描述事件经过。

学生A：他路过时突然撞我的桌子，把我的水杯摔碎了。上周我反对过他的方案，他肯定是在报复！（情绪标注：愤怒）

学生B：我只是转身拿作业本，胳膊不小心碰到桌子。（情绪标注：委屈）

2. 责任澄清

教师提问：水杯坏了对学生A会造成什么影响？

学生A：要重新买杯子，还会被妈妈批评。

学生B：我没想到会这样，愿意赔他一半钱。

3. 共识达成

（1）方案提案

学生A：要求学生B公开道歉并赔偿。

学生B：提议设立物品安全区避免误碰。

（2）教师整合

①划定课桌周围0.5米为个人安全区（物理界限可视化）。

②设计非接触道歉手势（击掌后双手合十）替代言语道歉。

③全班匿名投票

方案匿名投票通过率：92%。

重度事件处理：司法转介的标准化路径，如图 3-3 所示的三级响应机制。

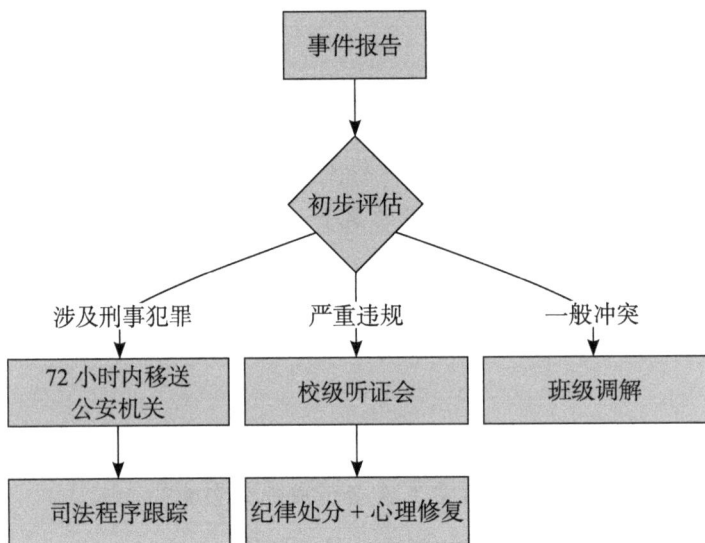

图 3-3　三级响应机制

（二）班级生态的重构

班级生态作为学生日常学习和生活的重要环境，对学生的心理和行为有着深远的影响。班级生态是指班级内部的环境和氛围，包括师生关系、同学关系、班级文化等。良好的班级生态能够促进学生的心理健康和积极行为，而不良的班级生态则可能成为校园欺凌的温床。班级凝聚力是班级生态的重要组成部分，它反映了班级成员之间的团结协作程度。研究表明，班级凝聚力越高，校园欺凌的发生率越低。教师在日常工作中通过重构班级生态，增强班级凝聚力，可以有效预防校园欺凌的发生[①]。

　　班级生态重构是预防校园欺凌的有效途径之一。教师通过增强班级凝聚力的 6 个关键指标——信任度、协作性、归属感、责任感、荣誉感和参与度（见图 3-4），可以营造一个积极、健康的班级环境，从而有效减少校园欺凌的发生。教师应重视班级生态的建设，通过具体的措施和活动，提升班级凝聚力，为学生的健康成长保驾护航。

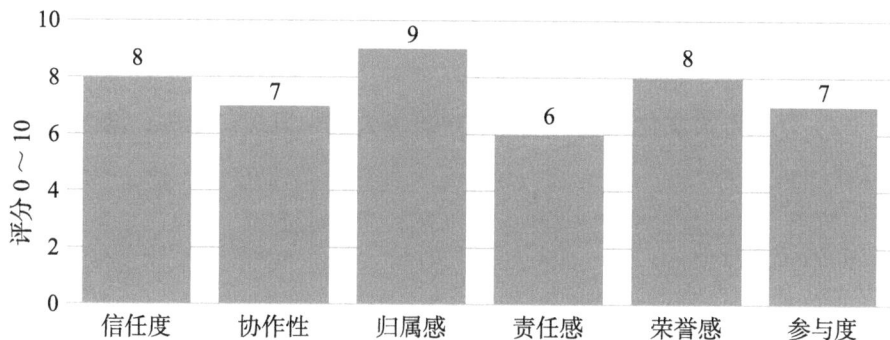

图 3-4　班级凝聚力各项指标对校园欺凌的影响评分

班级生态重构的策略如下。

1. 增强信任度

（1）建立良好的师生关系：教师要关心学生的学习和生活，尊重学生的个性差异，与学生建立信任关系。

（2）开展信任建设活动：通过团队建设活动，如信任背摔、盲人方阵

---

① 史光昊. 预防校园欺凌有效策略研究［J］. 学周刊，2017（23）：41-42.

等，增强学生之间的信任。

2. 提升协作性

（1）开展合作学习：通过小组合作学习，让学生在完成任务的过程中学会协作。

（2）组织团队活动：定期组织班级团队活动，如运动会、文艺汇演等，提升班级的协作性。

3. 培养归属感

（1）营造温馨的班级氛围：通过布置班级环境，如张贴班级口号、照片等，培养学生的归属感。

（2）开展班级文化建设：通过制定班级公约、班级口号等，增强学生的班级认同感。

4. 强化责任感

（1）明确班级职责：通过分配班级任务，如值日、小组长等，让学生明确自己的职责。

（2）开展责任教育：通过主题班会等形式，对学生进行责任教育，增强学生的责任感。

5. 增强荣誉感

（1）树立班级目标：通过制定班级目标，如学习成绩、班级荣誉等，增强学生的荣誉感。

（2）开展荣誉激励：通过表彰优秀学生、优秀小组等，增强学生的荣誉感。

6. 提高参与度

（1）开展多样化的班级活动：通过开展多样化的班级活动（如设计反欺凌主题课程）、系统的课程设计和实践活动，培养学生的同理心，增强班级凝聚力，从而有效预防校园欺凌。

（2）鼓励学生参与班级管理：通过让学生参与班级管理，如选举班干部、制定班级制度等，提高学生的参与度。

表 3-46 至表 3-51 是关于教师通过重构班级生态，增强班级凝聚力、营造积极健康的班级环境，从而有效减少校园欺凌发生的典型案例。

表 3-46　教师重构班级生态的典型案例 1

类型	信任度——建立"秘密守护者"制度
背景	某初中班级因学生间缺乏信任，欺凌事件频发，被欺凌者不敢求助
教师行动	1. 制度设计：班主任设立"秘密守护者"制度，每名学生随机抽取一名同学作为守护对象，每周匿名为其做一件好事（如帮助解答问题、鼓励发言） 2. 信任培养：通过班会分享守护故事，逐步建立学生间的信任感，同时设立"信任墙"，张贴学生间的感谢信与鼓励话语
结果	班级信任度显著提升，学生更愿意主动求助，欺凌事件明显减少

表 3-47　教师重构班级生态的典型案例 2

类型	协作性——开展"班级共建"项目
背景	某小学班级学生缺乏合作意识，常因小事争吵甚至升级为肢体冲突
教师行动	1. 项目设计：班主任将班级分为若干小组，每组负责一个"班级共建"任务（如设计班徽、布置教室、策划主题活动） 2. 协作训练：通过团队游戏（如"无敌风火轮"）培养协作能力，并设立"最佳团队奖"，表彰合作表现优异的小组

（续表）

类型	协作性——开展"班级共建"项目
结果	学生协作性显著增强，争吵与冲突事件明显减少，班级氛围更加和谐

表 3-48　教师重构班级生态的典型案例 3

类型	归属感——创建"班级文化符号"
背景	某高一班级学生来自不同初中，彼此陌生，缺乏归属感，欺凌事件时有发生
教师行动	1.文化符号设计：班主任组织学生共同设计班级口号、班歌与班徽，并通过投票确定最终方案 2.仪式感强化：每周班会前齐唱班歌，每月评选"班级之星"，表彰为班级文化做出贡献的学生
结果	学生归属感显著提升，班级凝聚力增强，欺凌事件明显减少

表 3-49　教师重构班级生态的典型案例 4

类型	责任感——实施"班级岗位责任制"
背景	某初中班级学生缺乏责任感，常因推卸责任引发矛盾
教师行动	1.岗位设置：班主任设立多种班级岗位（如"节能管理员""图书角负责人"），每名学生至少承担一项职责 2.责任考核：每周评选"责任之星"，表彰尽职尽责的学生，并通过班会分享岗位心得
结果	学生责任感显著增强，矛盾与冲突事件明显减少，班级管理更加有序

表 3-50　教师重构班级生态的典型案例 5

类型	荣誉感——举办"班级荣誉日"活动
背景	某小学班级学生缺乏集体荣誉感，常因个人利益而忽视班级利益

（续表）

类型	荣誉感——举办"班级荣誉日"活动
教师行动	1. 活动设计：班主任每月举办一次"班级荣誉日"，表彰在学业、纪律、卫生等方面表现优异的个人与小组 2. 荣誉展示：设立"荣誉角"，展示获奖学生的照片与事迹，并通过家长群分享荣誉时刻
结果	学生集体荣誉感显著提升，班级凝聚力增强，欺凌事件明显减少

表 3-51　教师重构班级生态的典型案例 6

类型	参与度——推行"班级议事会"制度
背景	某高中班级学生参与班级事务的积极性低，常因意见不合引发冲突
教师行动	1. 制度设计：班主任设立"班级议事会"，每周由学生代表提出班级事务议题（如班规修订、活动策划），全班投票决定 2. 参与激励：设立"最佳提案奖"，表彰积极参与议事的学生，并通过班会分享提案实施成果
结果	学生参与度显著提升，班级决策更加民主，冲突与欺凌事件明显减少

　　通过以上案例，我们可以发现教师通过"秘密守护者"等制度可以建立学生间的信任感，鼓励互助与支持；"班级共建"等项目可以培养团队合作意识，减少冲突与矛盾；"班级文化符号"等设计可以强化集体认同，增强学生的归属感；"班级岗位责任制"等机制可以明确学生职责，提升责任感；通过"班级荣誉日"等活动表彰优秀个人与小组，可以激发集体荣誉感；"班级议事会"等制度可以鼓励学生参与班级事务，增强主人翁意识。

　　通过重构班级生态，教师可以有效增强班级凝聚力，营造积极健康的班级环境，从而从源头减少校园欺凌的发生。

（三）重视教学用具革新在预防校园欺凌中的应用

当今教育环境中，校园欺凌问题一直是困扰学校、家长和社会的重要难题。校园欺凌不仅影响学校的正常教学秩序与和谐的校园氛围，而且对被欺凌者的身心健康造成严重伤害。因此，如何有效预防校园欺凌，成为亟待解决的问题。近年来，随着科技的不断进步，教师教学用具的革新为预防校园欺凌提供了新的思路和手段。

1. 重视智能监测设备的应用

（1）智能情绪识别手环

江苏省某实验小学研发的课堂监测系统，通过智能情绪识别手环实时采集学生的皮电、体温数据，能够自动预警群体情绪波动。这种手环可以实时监测学生的情绪变化，当学生出现紧张、焦虑或愤怒等情绪时，系统会及时向教师发出预警信号。教师可以根据预警信息，迅速关注相关学生的情绪状态，及时发现潜在的欺凌行为或被欺凌对象。此外，该系统还能生成班级情绪热力图，辅助教师进行决策。教师可以通过情绪热力图直观地了解班级整体情绪分布情况，识别出情绪异常的区域或学生群体，从而有针对性地进行干预，化解潜在的冲突，防止欺凌行为的发生。

（2）智能视频监控系统

除了智能情绪识别手环，一些学校还引入了智能视频监控系统。这些系统不仅可以实时监控校园内的各个角落，还能通过人工智能技术识别异常行为。例如，当监控系统检测到学生之间的肢体冲突、追逐打闹或其他异常行为时，会自动发出警报，并将相关画面实时传输给安保人员或教师。这种技术的应用，不仅能够帮助教师及时发现校园欺凌事件，还能为后续的调查和处理提供有力的证据支持。

2. 重视对学生的心理测评与课程干预

（1）**心理测评量表**

预防校园欺凌的关键在于早期发现潜在的风险群体。为此，许多学校配备了专业的心理测评工具，如专业的欺凌心理测评量表。通过定期对学生进行普测，学校可以及时发现并划分风险群体，为后续的精准干预提供依据。心理测评量表可以从多个维度对学生进行评估，包括情绪状态、人际关系、自我认知等，帮助教师全面了解学生的心理状况。

（2）**课程干预**

除了心理测评，学校还通过课程干预来预防校园欺凌。许多学校开设了专门的防欺凌课程，从认知、情感、行为等多个维度对学生进行教育和引导。这些课程不仅帮助学生树立了正确的价值观和行为准则，还增强了学生的自我保护意识和能力。通过教育学生如何识别欺凌行为、如何应对欺凌及如何寻求帮助，学校可以从源头上预防校园欺凌事件的发生。

3. 重视教师培训与专业支持

（1）**教师培训**

教师是预防校园欺凌的第一道防线。因此，教师要重视自身专业能力的提升，积极参与学校定期组织的专项培训，掌握如何识别和处理校园欺凌事件的技能。通过培训，教师能够更好地应对校园欺凌事件，保护学生的身心健康。

（2）积极寻求专业团队支持

除了教师培训，有的学校建立了专业的支持团队，包括心理咨询师、社会工作者和法律顾问等。这些专业人员可以为教师提供技术支持和专业指导，帮助教师更好地处理复杂的校园欺凌问题。例如，心理咨询师可以为教师提供心理辅导技巧；社会工作者可以协助教师与学生家庭进行沟通；法律顾问可以为学校提供法律支持，确保处理校园欺凌事件的合法性和公正性。教师在实践过程中可以积极寻求专业团队的支持。

4.积极寻求家 - 校 - 社合作

积极构建家庭、学校与社会的"三角沟通模型"，如图 3-5 所示。"三角沟通模型"的核心内容如表 3-52 所示。

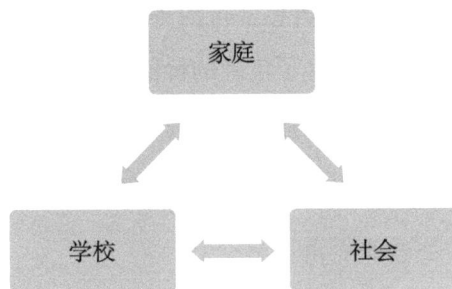

图 3-5　三角沟通模型

表 3-52　"三角沟通模型"核心内容

要素	家庭	学校	社会
角色定位	提供情感支持、价值观引导和基本生活教育	提供系统知识教育、技能培养和心理健康支持	提供实践机会、职业体验和文化熏陶

（续表）

要素	家庭	学校	社会
目标协同	共同育人目标：立德树人，全面发展 细化任务分工：学校负责课程教学，家庭关注品德教育，社会提供实践机会		
资源共享	家庭提供情感与生活教育资源	学校开放图书馆、实验室等教育资源	社会提供文化、艺术、科技等教育资源
专业支持	家长学习科学育儿方法	教师提升家校共育能力	社会提供专业培训与指导
心理健康	家庭关注学生情绪变化	学校配备心理咨询师	社会提供心理健康教育支持
实践活动	家庭支持学生参与社区活动	学校组织社会实践活动	社会提供实践平台与项目
安全保障	家庭关注学生校外安全	学校建立校园安全机制	社会协助开展安全教育
文化协同	家庭传承优秀文化	学校营造积极教育文化	社会弘扬正能量文化氛围

（1）家长教育

家长在预防校园欺凌中扮演着极其重要的角色。学校应通过家长委员会、家校联系手册、家长学校、家长会等形式，向家长普及校园欺凌的相关知识，提高家长的认知和防范意识。家长可以通过与孩子进行有效沟通，了解孩子在学校的情况，及时发现孩子是否遭受欺凌或是否存在欺凌他人的行为。同时，家长还可以与教师、学校密切合作，共同为孩子营造一个安全、和谐的学习环境。

（2）社区参与

社区参与也是预防校园欺凌的重要形式。班级、学校可以与社区合作，开展校园欺凌预防宣传活动，提高社区居民对校园欺凌问题的关注度。社区可以协助学校和教师开展心理健康教育活动，为学生提供更多的心理支持和帮助。此外，社区还可以协助学校加强校园周边环境的治理，减少校园欺凌事件的发生。

三、学生层面的自我保护与同伴互助

在校园生活的缤纷画卷中，学生本应尽情挥洒活力，沉浸于知识的海洋，感受友谊的温暖与珍贵。然而，校园欺凌这一阴霾却如潜藏的暗流，悄然威胁着每个学生的身心健康。

作为校园生活的核心参与者，学生不仅是校园生态的构建者，更是打造安全和谐校园的关键力量。掌握自我保护与同伴互助的方法，是抵御校园欺凌的坚固铠甲与有力武器。所以，从学生层面出发，加强自我保护技能的培养、增强自我意识、训练沟通技巧及建立同伴互助机制，是有效应对校园欺凌的重要策略。

（一）筑牢自我保护之盾

1. 增强自我保护意识

校园欺凌对学生身心健康的影响是深远的，不仅会导致身体伤害，还可能引发严重的心理问题。因此，自我保护意识的培养是学生层面应对校园欺凌的基础。学生需要学会识别潜在的欺凌风险，以便在欺凌行为发生之前或之初就采取有效的防范措施[1]。

---

① 童利盼. 社会与情感能力驱动下的教育戏剧防治校园欺凌的行动研究［D］上海：上海师范大学，2024.

学生具体应该如何增强自我保护意识来有效预防校园欺凌呢？接下来，我们将结合具体案例（见表 3-53 至表 3-58），来分析学生提高自我保护意识的具体可行途径。

表 3-53　学生提高自我保护意识的典型案例 1

类型	学习识别欺凌信号，及时求助
背景	小学五年级男生小乾（化名）被同学起侮辱性绰号，起初未意识到这是欺凌行为，直到情绪低落、学习成绩下滑
学生行动	1. 主动学习：小乾通过学校发放的《反欺凌手册》和班级主题班会，了解到言语欺凌的形式与危害 2. 求助实践——小乾按照"三步求助法"行动：①明确对欺凌者说"我不喜欢这样，请停止"；②记录欺凌事件的时间、地点和参与者；③向班主任反映情况，并寻求心理老师的帮助
结果	欺凌行为被制止，小乾在班级分享自己的经历，鼓励其他同学勇敢求助

表 3-54　学生提高自我保护意识的典型案例 2

类型	培养自信与树立边界感，拒绝欺凌
背景	初中女生小莉（化名）因性格内向，常被同学指使做值日、买零食，逐渐感到内心很压抑
学生行动	1. 自我反思：小莉通过心理老师提供的"边界感自测表"，意识到自己的个人权利被侵犯了 2. 坚定表达：当同学再次要求小莉代做值日时，她坚定地拒绝并说明理由："我不应该被强迫做这些事。" 3. 寻求支持：小莉向班主任反映情况，并加入班级"友善大使"小组，帮助其他同学树立边界感
结果	欺凌行为被制止，小莉在班级活动中分享自己的经验，帮助更多同学学会拒绝

表 3-55　学生提高自我保护意识的典型案例 3

类型	掌握社交技巧，避免被孤立
背景	高中男生小章（化名）因转学被同学孤立，课间常独自一人，情绪低落
学生行动	1. 主动学习：小章通过班级的"破冰游戏"和"合作任务"，练习主动打招呼、寻找共同话题等社交技巧 2. 积极参与：小章主动加入班级篮球队，与队友一起训练和比赛，逐步融入集体 3. 寻求帮助：小章向班主任和心理老师反映自己的困扰，获得情感支持与建议
结果	小章不再被孤立，班级设立"新同学欢迎计划"，帮助更多转学生适应环境

表 3-56　学生提高自我保护意识的典型案例 4

类型	利用科技工具，记录与举报欺凌行为
背景	初中女生小樊（化名）遭遇网络欺凌，收到匿名恶意信息，情绪崩溃
学生行动	1. 主动学习：小樊通过信息技术课学习截屏、录屏等技巧，记录网络欺凌证据 2. 举报实践：小樊通过学校"网络欺凌举报平台"提交证据，并向班主任和心理老师求助 3. 心理调适：小樊通过心理老师推荐的正念练习和情绪日记，逐步恢复自信
结果	欺凌者被纪律处分，小樊在班级分享自己的经历，帮助更多同学学会应对网络欺凌

表 3-57　学生提高自我保护意识的典型案例 5

类型	增强身体与心理韧性，应对欺凌
背景	小学男生小宁（化名）因体型瘦小常被同学推搡，感到无助
学生行动	1. 主动学习：小宁通过体育课学习基本自我保护动作（如站稳、躲避），并通过心理课学习正念练习以缓解焦虑 2. 实践应用：当再次发生推搡时，小宁站稳并大声警告"停止"，同时向老师求助 3. 寻求支持：小宁加入班级"反欺凌守护者"小组，帮助其他同学学习自我保护技巧
结果	欺凌行为被制止，小宁在班级活动中分享自己的经验，帮助更多同学增强身体与心理韧性

表 3-58　学生提高自我保护意识的典型案例 6

类型	建立支持网络，集体应对欺凌
背景	高中女生小梅（化名）因学习成绩优异被同学嫉妒，遭遇隐性欺凌（故意忽视、散布谣言）
学生行动	1. 主动学习：小梅通过班级"互助小组"活动，了解到集体应对欺凌的重要性 2. 寻求支持：小梅向朋友倾诉自己的困扰，朋友主动陪伴并向班主任反映情况 3. 集体行动：小梅与朋友一起参与班级"反欺凌守护者"活动，帮助其他同学识别和应对隐性欺凌
结果	欺凌行为被制止，班级建立"反欺凌守护者"制度，学生自我保护意识显著增强

通过以上案例可以看出，学生可以通过以下途径提高自我保护意识，从而有效预防和制止校园欺凌。

（1）主动学习：学生通过班会、手册、课程等途径学习识别与应对欺凌的知识。

（2）实践应用：学生在实际情境中运用所学技能，如坚定表达、记录证据、寻求帮助。

（3）心理调适：学生通过正念练习、情绪日记等方式增强心理韧性。

（4）集体行动：学生通过互助小组、守护者活动等建立支持网络，共同应对欺凌。

2. 学会说"不"

教师要教导学生，在面对他人的威胁时，保持冷静是最为关键的心理素质。情绪就像一把双刃剑，激动与愤怒可能会在瞬间激化矛盾，让局势变得更加不可控；而冷静则如同黑暗中的明灯，能使人们保持清醒的头脑，更好地思考应对策略。此外，学生也可以选择沉默，用沉默的力量展现自己的不屑与坚定；也可以巧妙地转移话题，将对方的注意力从攻击行为上引开；或者运用 STOP 策略化解欺凌。

倘若遇到肢体欺凌，在无法逃脱的情况下，学生可以运用 STOP 策略操作流程尝试化解欺凌。头部、腹部等部位是身体的关键区域，这些部位一旦受到严重伤害可能会对生命健康造成极大威胁。学生可以用手臂护住头部，蜷缩身体保护腹部，尽量减少伤害。同时，要时刻寻找时机向周围人求助，哪怕是一声微弱的呼喊，都可能成为摆脱困境的希望。

STOP 策略（停止→告知→观察→保护）是一套针对欺凌事件的系统化应对策略，其设计融合了心理学、教育学与危机干预理论，旨在通过结构化步骤提升个体的自我保护能力与应急反应效率。下面我们从理论基础、核心内容、实证案例角度展开分析。

美国心理学家班杜拉提出，人类行为通过观察、模仿和强化习得，自我效能感（即"我能做到"的信念）是行动的关键驱动力[①]。与 STOP 策略的关联：通过角色扮演、情景模拟等训练（如模拟撤离动作），学生内化应对欺凌的行为模式，增强对自身能力的信心，打破"被动受害"的心理定势。

STOP 策略核心内容总结如下。

停止：立即明确表达拒绝，打破欺凌者的心理优势。

告知：向可信赖的成年人或机构求助，保留证据链。

观察：持续关注事态变化，识别欺凌升级信号。

保护：通过个人行动与集体协作构建安全防护网。

表 3-59 至表 3-64 是学生运用 STOP 策略有效化解校园欺凌的典型案例。

表 3-59　学生运用 STOP 策略有效化解校园欺凌的典型案例 1

类型	言语欺凌——用 STOP 策略明确拒绝
背景	初中男生小刚（化名）因口音被同学模仿和嘲笑而情绪低落
学生行动（STOP 策略应用）	停止——小刚转身面对欺凌者，清晰说出："停止！我不喜欢你们这样模仿我！" 告知——当天课后，小刚向班主任报告了这件事，并提交自己记录的被嘲笑时间与参与者名单 观察——小刚观察后续几天同学的反应，发现仍有个别同学嘲笑自己，但态度明显减弱 保护——小刚主动加入校园演讲社，通过展示个人才华（如方言朗诵）赢得尊重
结果	班主任介入并教育欺凌者，班级开展"方言文化分享会"，言语欺凌事件明显减少

---

① Bandura A. Social foundations of thought and action: a social cognitive theory ［M］. Englewood Cliffs: Prentice-Hall, 1986.

表 3-60　学生运用 STOP 策略有效化解校园欺凌的典型案例 2

类型	社交欺凌——用"告知"寻求集体支持
背景	小学女生小雨（化名）因拒绝帮同学作弊被小团体孤立
学生行动（STOP 策略应用）	停止——小雨直接对小团体说："我不会帮你们作弊，请停止孤立我。" 告知——小雨向班主任和心理老师求助，并提交被孤立的聊天记录截图 观察——小雨发现孤立行为转为私下议论，但不再公开挑衅 保护——小雨主动邀请其他同学成立"诚信学习小组"，重建社交圈
结果	班主任通过班会讨论诚信问题，孤立小团体公开道歉，班级设立"友情调解员"

表 3-61　学生运用 STOP 策略有效化解校园欺凌的典型案例 3

类型	网络欺凌——用"观察"收集证据
背景	高中女生小玫（化名）被匿名社交账号恶意修图并传播
学生行动（STOP 策略应用）	停止——小玫在评论区留言："这是侮辱，请立即删除！" 告知——小玫向学校网络管理员举报，并联系平台要求删除相关图片 观察——小玫持续截图保存证据，发现发帖者 IP 与某同学关联 保护——小玫联合朋友制作反网络欺凌海报，在校园内宣传"文明用网"
结果	学校追查并处理欺凌者，小玫的行动被选为校级"网络公民榜样案例"

表 3-62　学生运用 STOP 策略有效化解校园欺凌的典型案例 4

类型	肢体欺凌——用"保护"安全脱身
背景	小学男生小闵（化名）在放学路上被高年级学生索要零花钱并推搡
学生行动（STOP 策略应用）	停止——小闵后退一步，大声说："停！你们这样做是违法的！" 告知——小闵回家后立即告知父母，并向学校保卫处报告 观察——小闵记录欺凌者的外貌特征和常出没地点 保护——小闵与同学结伴上下学，并随身携带学校紧急联系卡

（续表）

类型	肢体欺凌——用"保护"安全脱身
结果	学校加强周边巡查，欺凌者被纪律处分，小闵所在班级开展"安全脱身演练"

表 3-63　学生运用 STOP 策略有效化解校园欺凌的典型案例 5

类型	隐性欺凌——综合运用 STOP 策略四步法
背景	初中女生小芬（化名）因家境困难被同学嘲讽"穷酸"，物品常被故意损坏
学生行动（STOP 策略应用）	停止——小芬当面斥责："请停止破坏我的东西，你们这样做不对！" 告知——小芬向班主任提交被损坏物品的照片和目击同学名单 观察——小芬发现欺凌者将公开欺凌行为转为隐蔽行动 保护——小芬将重要物品放入带锁的储物柜，并参与"校园反欺凌志愿者"活动
结果	学校为困难学生提供隐私保护支持，班级开展"同理心工作坊"

表 3-64　学生运用 STOP 策略有效化解校园欺凌的典型案例 6

类型	群体欺凌——集体协作应用 STOP 策略
背景	高中男生小詹（化名）因性取向被多人围堵、辱骂
学生行动（STOP 策略应用）	停止——小詹与两个朋友组成互助小组，对欺凌者说："停止攻击！我们已记录你们的言行。" 告知——互助小组向校方提交录音证据，并要求启动反歧视调查程序 观察——小组持续观察发生校园内的类似事件，建立匿名举报渠道 保护——小詹发起"尊重多样性"社团，吸引 30 名学生加入
结果	学校将反歧视条款写入校规，欺凌者参加强制同理心培训

通过学习以上案例，学生可将 STOP 策略转化为可操作的自救工具，从被动承受转向主动应对，从而有效减少校园欺凌带来的伤害。

3. 升级自身"自我保护技能"体系

校园欺凌的形式多样，学生一不小心就可能掉入"欺凌陷阱"，而 STOP 策略并非适用于所有校园欺凌的场景。学生想要更加有效地预防和制止校园欺凌，除了要增强自身保护意识，升级自身"自我保护技能"体系，灵活使用不同保护技能来应对不同的校园欺凌，才能做到有效防止和制止校园欺凌。

表 3-65 至表 3-70 是关于不同学段的学生在不同的欺凌场景中通过不同的自我保护技能有效防止校园欺凌的典型案例。

表 3-65　学生通过自我保护技能防止校园欺凌的典型案例 1

类型	"坚定拒绝法"应对言语欺凌
背景	初中男生小羌（化名）因戴眼镜常被同学戏称"四眼"，逐渐产生厌学情绪
技能应用	1. 自我肯定训练：心理老师通过角色扮演，教会小羌使用"我"句式表达感受（如"我感到被冒犯，请停止这样称呼我"） 2. 非言语技巧：练习挺直站立、眼神直视等肢体语言，增强威慑力
学生行动	1. 当再次被嘲笑时，小羌直视对方的眼睛，清晰回应："我有名字，请叫我 ×××。" 2. 同步向班主任提交欺凌行为记录表，注明时间、地点、目击者
结果	班主任约谈欺凌者及其家长，班级开展"尊重称谓"主题辩论赛，类似事件明显减少

表 3-66　学生通过自我保护技能防止校园欺凌的典型案例 2

类型	"安全撤离术"应对肢体欺凌
背景	小学女生小莓（化名）在放学路上被高年级学生围堵并索要零花钱

（续表）

类型	"安全撤离术"应对肢体欺凌
技能应用	1. 情境预判：通过安全课程学习识别危险信号（如偏僻路段、多人聚集） 2. 脱身技巧：掌握"后退 - 呼救 - 逃离"三步法，随身携带防欺凌警报器
学生行动	1. 发现被跟踪后，小莓立即走向便利店，按下警报器并大喊："我不认识他们！" 2. 向店员求助后联系家长和学校保卫科
结果	学校增设"安全路径巡逻岗"，小莓所在班级开展防身术体验课

表 3-67　学生通过自我保护技能防止校园欺凌的典型案例 3

类型	"证据链思维"应对网络欺凌
背景	高中女生小宇（化名）发现社交平台出现有关她的恶意合成的丑化照片
技能应用	1. 数字取证：学习使用录屏工具等固定电子证据 2. 法律认知：了解《未成年人网络保护条例》中关于网络暴力的条款
学生行动	1. 小宇立即对侵权内容录屏 2. 向平台提交《侵权删除通知书》，同步联系学校网络法治辅导员
结果	图片 2 小时内被删除，涉事学生接受网络法治教育

表 3-68　学生通过自我保护技能防止校园欺凌的典型案例 4

类型	"社交破冰术"应对群体孤立
背景	转学生小漳（化名）因说话有方言口音被全班刻意回避
技能应用	1. 主动联结：通过"兴趣雷达图"寻找潜在友善同伴（如喜欢漫画的同学） 2. 价值展示：在班级活动中演示方言相声，将差异转化为个人特色
学生行动	1. 小漳主动为同学绘制漫画肖像，逐步建立友谊小圈子 2. 在元旦晚会上用方言表演节目，赢得同学们的掌声

（续表）

类型	"社交破冰术"应对群体孤立
结果	班级成立"多元文化社"，小漳被推选为副社长

表 3-69　学生通过自我保护技能防止校园欺凌的典型案例 5

类型	"心理盾牌法"应对隐性嘲讽
背景	初中女生小芳（化名）因体态偏胖遭遇阴阳怪气的"玩笑"
技能应用	1. 认知重构：通过正念练习区分"他人评价"与"自我价值" 2. 幽默反击：学习用"太极回应法"化解攻击（如"谢谢关心，我的健康医生说了算"）
学生行动	1. 当同学说"你这么胖还吃零食"，小芳微笑回应："我在践行'快乐学习'理念呀。" 2. 将每日积极心理暗示写入能量手账（如"我值得被尊重"）
结果	嘲讽者自觉无趣停止攻击

表 3-70　学生通过自我保护技能防止校园欺凌的典型案例 6

类型	"群体联防术"应对公共场合的欺凌行为
背景	高中男生小林（化名）在食堂被故意泼洒汤汁，周围无人制止
技能应用	1. 目击者干预：通过班会学习"旁观者介入四步法"（注意 - 判断 - 行动 - 支持） 2. 集体响应：班级约定"救援暗号"（如轻拍三下桌子代表需要帮助）
学生行动	1. 同学小周（化名）发现后立即上前并递上纸巾，大声说："需要我陪你去医务室吗？" 2. 三名同学围成人墙隔开欺凌者，另一人快速联系值班教师
结果	欺凌者被记过处分，学校推广"全员守护者"制度

通过系统化的技能训练，学生可从"被动承受者"转变为"主动防御

者",真正实现"反欺凌能力内化于心、外化于行"。结合以上案例,我们简要总结了"自我保护技能体系"(见表3-71)。

表3-71 自我保护技能体系

技能类型	核心要点	适用欺凌场景
言语防御	坚定表达＋非暴力沟通	言语嘲讽、起侮辱性绰号
身体防护	危险预判＋安全撤离	肢体冲突、围堵威胁
数字维权	证据固定＋依法维权	网络暴力、隐私泄露
社交重建	主动破冰＋价值展示	群体孤立、社交排斥
心理建设	认知重构＋情绪调节	隐性攻击、精神打压
集体联防	旁观者介入＋暗号系统	公共场合的欺凌

在面对校园欺凌时,学生应提高自我保护意识,勇敢向欺凌行为说"不"!同时也要通过系统化的技能训练,从"被动承受者"转变为"主动防御者",熟知面临不同欺凌场景时应该如何应对。

(二)点亮同伴互助之光

1. 勇于制止欺凌行为

教师应教导学生,当看到同学遭受欺凌时不能做冷漠的旁观者,任由欺凌行为在校园中肆虐,而应勇敢地站出来制止欺凌行为,这是每一名有正义感的学生应有的担当。同时,教师也应当指出这种勇敢并非盲目冲动,而是基于对正义的坚守和对同学的关爱。当学生目睹欺凌场景时,可以使用上述提到的应对技能及STOP策略流程化解欺凌困境。在确保自身安全的前提下,学生可以大声喝止欺凌者,用坚定的声音打破欺凌的嚣张气焰——"住手!

你们这样做是不对的！"这一声呼喊，不仅能让欺凌者有所忌惮，也能引起周围人的注意，形成一种舆论压力，让欺凌者意识到他们的行为是不被容忍的。

教师也需要告诉学生，若担心自身安全，不敢直接上前制止，可以迅速报告老师、保安等成年人。老师和保安作为校园的守护者，具有处理此类问题的经验和能力。

2. 给予被欺凌同学以支持

被欺凌的学生往往在心理上遭受巨大创伤，他们的内心充满了恐惧、无助和自卑。教师应教导其他学生主动陪伴他们：可以在课间休息时陪他们一起聊天、散步，让他们感受到身边有朋友的陪伴；放学后，与他们一起做作业、参加活动，让他们的生活重新充满阳光。

3. 传播正能量，营造友善的氛围

在校园中，积极传播友善、互助的价值观，是构建和谐校园的重要举措。教师可以组织学生参与"反校园欺凌"主题的班会、演讲活动，向其他学生宣传校园欺凌的危害和预防方法。在班会上，学生通过分享真实的案例、观看教育视频等方式，让其他学生深刻认识到校园欺凌的严重性；在演讲活动中，学生用真挚的情感和有力的言辞呼吁大家共同抵制校园欺凌，营造一个充满爱与关怀的校园环境。

4. 同伴互助机制的建立

同伴互助机制的建立是减少校园欺凌行为的关键策略之一。当学生之间形成积极的同伴文化时，他们更能够相互支持、理解和尊重，从而减少欺凌行为的发生。

（1）鼓励学生之间相互支持

教师鼓励学生在同伴遇到困难或受到欺凌时应积极提供帮助和支持。这可以通过组织同伴互助小组、建立互助网络等活动来实现。当学生之间形成相互支持的关系时，他们更能够共同面对校园欺凌，并相互提供帮助和支持。

（2）形成积极的同伴文化

积极的同伴文化包括尊重他人、包容差异、鼓励合作等价值观。学生应该被鼓励在同伴间传播这些价值观，并共同维护积极、和谐的校园环境。这可以通过组织同伴教育活动、制定同伴行为规范等方式来实现。当学生共同维护积极的同伴文化时，他们更能够相互理解和尊重，欺凌行为的发生也会相对减少。

表 3-72 至表 3-74 是学生通过参与班级或学校组织的同伴教育活动，逐渐形成积极的同伴文化，从而减少校园欺凌的典型案例。

**表 3-72　学生通过参与班我级或学校组织的同伴教育活动形成积极的
同伴文化的典型案例 1**

类型	同伴领导力培训与"反欺凌大使"项目
背景	某中学基于心理学中的"同伴效应"，选拔并培训具有领导力的学生成为"反欺凌大使"。这些学生通过角色扮演、小组讨论等方式学习如何识别欺凌行为、调解冲突，并在校园中主动倡导尊重与包容的价值观
实践内容	1. 同伴领导者组织"换位思考"活动，让学生分别扮演欺凌者、被欺凌者和旁观者，通过模拟场景理解不同角色的心理，增强同理心 2. 设立"友情使者"机制，鼓励学生主动关心被孤立的同学，通过日常互动减少社交排斥
结果	校园中旁观者的沉默现象减少，学生更愿意主动报告欺凌事件，班级氛围显著改善

表 3-73　学生通过参与班级或学校组织的同伴教育活动形成积极的
同伴文化的典型案例 2

类型	班级合作文化构建——"无欺凌日"主题活动
背景	某小学通过每月一次的"无欺凌日"，将反欺凌教育融入集体活动，强调合作与互助
实践内容	1.学生分组完成"共建友善校园"任务，如合作设计反欺凌海报、创作情景剧，并在全校展示 2.教师引导学生讨论"包容差异"的案例，如如何对待家庭背景、学习能力不同的同学，鼓励学生分享自己的经历
结果	通过集体任务和开放式讨论，学生逐渐形成"差异是常态"的认知，班级内因学习成绩或家庭背景产生的歧视现象减少

表 3-74　学生通过参与班级或学校组织的同伴教育活动形成积极的
同伴文化的典型案例 3

类型	"尊重差异"校园文化运动
背景	某初中开展为期一学期的"尊重差异"主题教育活动，通过学生自主策划活动推动校园文化变革
实践内容	学生发起"我的独特故事"演讲比赛，分享个人成长中的挫折与坚持
结果	打破偏见标签，学生之间学会包容差异，尊重他人

　　让归属感和价值感浸润每个学生的心灵。归属感和价值感是学生面对校园欺凌时的重要心理支持。学生应该被鼓励在同伴间建立积极的关系，并感受到自己是班级及学校的一分子。这可以通过积极参加、组织团队活动等方式来实现。当学生感受到归属感和价值感时，他们更不容易成为欺凌者的目标，也更有能力保护自己免受欺凌的伤害。

　　表 3-75 至表 3-79 是关于学生通过积极参与团队活动形成集体归属感和

价值感，从而预防校园欺凌的典型案例。

表 3-75　学生通过积极参与团队活动形成集体归属感和价值感的典型案例 1

类型	班级"团队挑战赛"与集体荣誉感培养
背景	某小学在班级中引入"团队挑战赛"活动，通过集体任务增强学生的归属感和合作意识
实践内容	1. 每月组织一次班级间的团队挑战赛，如"班级拔河比赛""合作拼图大赛"等，要求每个学生都参与其中 2. 活动后组织讨论，引导学生分享团队合作中的感受，强调每个人都是团队的重要一员
结果	通过集体荣誉感的培养，学生之间的关系更加紧密

表 3-76　学生通过积极参与团队活动形成集体归属感和价值感的典型案例 2

类型	"班级文化墙"设计与集体认同感提升
背景	某初中通过"班级文化墙"设计活动，让学生共同参与班级文化建设，增强集体认同感
实践内容	1. 每个班级设计一面"文化墙"，展示班级口号、学生作品、集体活动照片等，体现班级的独特风格。 2. 学生分组负责不同板块的设计与更新，定期评选"最具创意文化墙"，激发学生的参与热情
结果	学生在共同创作中感受到集体的温暖，班级内因孤立或排斥引发的欺凌行为明显减少

表 3-77　学生通过积极参与团队活动形成集体归属感和价值感的典型案例 3

类型	校园"团队拓展训练"与信任感建立
背景	某高中针对学生之间缺乏信任的问题，引入团队拓展训练活动，帮助学生建立信任感和归属感

（续表）

类型	校园"团队拓展训练"与信任感建立
实践内容	1. 组织学生参与"信任背摔""盲人方阵"等拓展活动，让学生在活动中体验信任与合作的重要性 2. 活动后引导学生分享感受，讨论如何在日常生活中践行信任与支持
结果	通过拓展训练，学生之间的关系更加融洽，班级内因误解或矛盾引发的欺凌事件显著减少

表 3-78 学生通过积极参与团队活动形成集体归属感和价值感的典型案例 4

类型	"班级守护者计划"与责任感培养
背景	某初中实施"班级守护者计划"，通过赋予学生责任感，增强他们的集体归属感和价值感
实践内容	1. 每班选拔若干名"班级守护者"，负责关注班级氛围、调解同学之间的矛盾、组织集体活动等 2. 定期召开"守护者会议"，分享班级动态，讨论如何营造更友善的班级环境
结果	通过"班级守护者计划"，学生感受到自身对集体的重要性，在发生欺凌事件时，冷漠或旁观现象减少

表 3-79 学生通过积极参与团队活动形成集体归属感和价值感的典型案例 5

类型	"校园文化节"与集体成就感提升
背景	某高中通过"校园文化节"活动，让学生在集体展示中感受到成就感与归属感
实践内容	1. 每年举办一次"校园文化节"，每个班级负责策划一个主题展区或表演一个节目，如"环保主题展""班级戏剧表演"等 2. 活动后评选"最佳团队奖"，表彰在活动中表现突出的班级和学生
结果	通过集体展示与荣誉激励，学生感受到自身的价值与集体的力量，校园内因孤立或排斥引发的欺凌行为明显减少

以上案例均体现了通过团队活动增强学生集体归属感和个人价值感，从而有效预防校园欺凌的实践路径。学生可根据学校和班级开展相关活动的实际情况积极参与、融入其中，增强集体归属感和个人价值感。

综上所述，从学生层面出发，加强自我保护与同伴互助是有效应对校园欺凌的重要策略。校园欺凌这一复杂的社会问题，需要家庭、学校、社会共同努力来解决。学生在预防校园欺凌中扮演着主体角色，通过增强自我保护意识和能力，积极参与同伴互助，就能够为自己和同学们创造一个安全、和谐、美好的校园环境。

四、家庭层面的教育与支持

（一）家庭因素的影响

1.家庭结构的影响

不完整的家庭结构，如单亲家庭、父母离异家庭，可能导致孩子缺乏足够的关爱和照顾。

在单亲家庭中，孩子可能只能从一方家长那里获得支持和指导，而另一方家长的缺失可能使孩子在情感上感到空虚和迷茫。例如，一个孩子长期跟随母亲生活，可能会缺少来自父亲的阳刚之气和理性引导，在面对冲突时使用不恰当的应对方式，或者更容易通过欺凌他人来显示自己的"强大"。

离异家庭环境的孩子可能会感到被抛弃，进而缺乏安全感，慢慢地就会产生焦虑和愤怒的情绪。这些情绪如果得不到正确的疏导和宣泄，可能会转化为攻击行为，表现为在校园中欺凌同学。比如，有些孩子会将对父母离异的不满发泄在同学身上，通过欺负他人来寻求心理平衡。

2. 家庭教养方式的影响

（1）溺爱型教养方式

父母过度溺爱孩子，对孩子的要求无条件满足，这会使孩子养成以自我为中心的性格特点。这样的孩子在学校中往往不能理解和尊重他人的感受，一旦自己的需求得不到满足，就容易采取暴力手段对待同学。

（2）专制型教养方式

家长过于严厉和专制，对孩子要求过高和严格控制，孩子可能会因为长期压抑而产生逆反心理。在学校里，他们可能会将这种压抑的情绪发泄到其他同学身上，通过欺凌他人获得一种控制感。

（3）忽视型教养方式

父母对孩子的关注和关心不足，孩子感受不到家庭的温暖和支持，容易产生自卑、孤独的心理。为了引起他人的注意，他们可能会通过不良行为，如欺凌他人，来获取关注。例如，有些孩子因为父母忙于工作而被忽视，他们可能会在学校中故意挑起事端，欺负同学，以期望得到家长、老师和同学的关注。

3. 家庭氛围的影响

（1）紧张的家庭氛围

家庭成员之间经常发生冲突、争吵，孩子生活在充满紧张和恐惧的环境中，这会导致孩子情绪不稳定，缺乏安全感。这种情绪上的不稳定可能会导致孩子在学校中表现出攻击行为，容易与同学发生冲突，并可能发展为欺凌行为。

（2）充满暴力的家庭氛围

如果家庭中存在暴力行为，如父母之间的暴力冲突或者家长体罚孩子，孩子会认为暴力是解决问题的有效方式。他们可能会模仿这种行为，在学校中对同学实施欺凌。

4. 家庭价值观的影响

（1）错误的价值观

一些家庭过分强调竞争和个人利益，忽视了对孩子进行道德和社会责任感的培养。孩子可能会认为只有通过打败他人、凌驾于他人之上才能获得成功和尊重，从而在学校中采取欺凌行为来证明自己的"优越"。

（2）缺乏价值观教育

有些家庭缺乏对孩子进行价值观教育，孩子不明白什么是正确的行为、什么是错误的行为，缺乏判断是非的能力。在这种情况下，孩子容易受到不良社会风气的影响，进而参与到校园欺凌事件中。

5. 家庭经济状况的影响

一方面，家庭经济条件较差的孩子可能会因为物质上的匮乏而产生自卑心理。为了掩盖自己的自卑，他们可能会通过欺凌他人来获得一种虚假的自尊和优越感。

另一方面，家庭经济条件优越的孩子也可能会因为家长的过度纵容和物质上的满足而变得骄纵跋扈，一旦自己的愿望没有达成就在学校中欺负其他同学。

6. 父母自身行为的影响

父母是孩子的第一任老师，是他们成长道路上的榜样，父母的言行举止对孩子有着深远的影响。如果父母自身存在不良行为，如打架、骂人、偷窃等，孩子很可能会模仿这些行为。

此外，如果父母对他人缺乏尊重和关爱，孩子也会潜移默化地受到影响，在与同学相处时表现得冷漠和自私，甚至发展为欺凌行为。

（二）家庭层面的教育与支持

家庭环境和家庭教育对孩子的行为模式、价值观形成有着深远的影响。在预防校园欺凌方面，家庭层面的教育与支持至关重要[①]。

1.建立良好的亲子关系

（1）增加陪伴孩子的时间

家长要有足够时间来陪伴孩子，让他们感受到家庭的温暖和关爱。例如，家长与孩子一起进行户外活动，如野餐、爬山、骑行等，在共同的活动中增进亲子关系。

（2）积极倾听

当孩子愿意表达自己的想法和感受时，家长要给予充分的关注并认真倾听，不打断、不批评，让孩子畅所欲言。例如，孩子讲述在学校的经历时，家长要认真聆听，从中捕捉孩子可能面临的困难或问题。

2.培养孩子的良好品德、价值观和行为习惯

（1）教育孩子尊重他人

家长要以身作则，尊重家里的每一位成员，包括孩子，同时也要教育孩

---

① 李琼，姜洋. 校园欺凌现象及其防治策略［J］. 甘肃教育，2020（5）：2.

子尊重老师、同学和身边的其他人。通过日常生活中的点滴事例，教导孩子尊重他人、关爱他人、友善待人。

有研究显示，经常参与公益活动的青少年在责任感、同理心等亲社会性指标上显著优于未参与者，且参与欺凌行为的概率明显较低。因此，家长可以与孩子一起参加一些公益活动，培养孩子的责任感和同理心。

（2）培养孩子的同理心

同理心是指能设身处地理解他人感受的能力。一项针对同理心培养的实验表明，经过一段时间的同理心训练，在参与实验的孩子中，欺凌行为的发生率降低了35%[①]。因此，在家庭中，家长要注重培养孩子的同理心。具有同理心的孩子更能体会到被欺凌者的痛苦，从而避免成为欺凌者。家长可以通过讲述故事、观看影视作品等方式，帮助孩子理解他人的感受和处境，培养孩子的同理心。

（3）树立正确的竞争观念

教导孩子竞争是为了自我提升，而不是为了打败他人，要通过公平、合法的方式与他人竞争。例如，在孩子参与比赛时，强调比赛过程中的努力和收获，而不仅仅是结果的输赢。

3. 建立良好的亲子沟通机制

家长要抽出时间与孩子交流，了解他们在学校的学习和生活情况。当孩子遇到问题或困扰时，能及时给予支持和引导。

据调查显示，在遭受校园欺凌的孩子中，超过 60% 的孩子因为害怕父母

---

① 李哲. 学生欺凌治理何以"二元"？——与张善根教授商榷［J］东方法学，2025（2）：176-187.

担心或者不知道如何表达，而选择隐瞒自己的遭遇①。

4.提升孩子的人际交往能力

（1）引导孩子学会分享

培养孩子乐于分享的习惯，家长可以让孩子从家庭中的玩具、食物开始分享，让孩子明白分享可以带来快乐和友谊。

（2）教授孩子沟通技巧

家长可以教孩子如何清晰地表达自己的想法和需求，同时也要学会倾听他人的意见，以和平、友好的方式解决分歧。

（3）鼓励孩子参与社交活动

家长可以支持孩子参加集体活动，如兴趣小组等，让孩子有机会结交不同的朋友，提高社交能力。

家长也可以带孩子参加一些社区活动，如志愿者活动、文艺演出等，让孩子在服务他人的过程中锻炼与他人交往的能力。

5.关注孩子的心理健康

（1）帮助孩子应对压力

了解孩子在学习和生活中面临的压力，教孩子应对压力的方法，如运动、冥想、倾诉等。

家长可以引导孩子进行冥想练习，帮助他们放松身心、缓解压力。例如，家长可以让孩子找一个安静的地方坐下来，闭上眼睛并深呼吸，然后专

---

① 赵平.家校视域下预防和应对校园欺凌行为的有效途径及策略［J］.成功密码（综合版），2023（5）：37-39.

注于自己的呼吸和内心的感受。

（2）培养孩子的情绪管理能力

让孩子认识自己的情绪，学会用恰当的方式表达和调节情绪。当孩子生气时，家长可以引导孩子通过深呼吸、数数字等方式先冷静下来，然后再表达自己的感受。

（3）及时发现孩子的心理问题

家长要及时关注孩子的情绪变化、异常行为等，一旦发现孩子可能存在心理问题，要及时寻求专业帮助。

例如，一向活泼、好动的小芳突然变得沉默寡言、没有食欲，她的父母意识到孩子可能遇到了什么问题。他们耐心地询问小芳，但小芳始终不愿意讲。于是，他们决定寻求专业的帮助。经过心理咨询师的引导，小芳终于说出了自己在学校里的遭遇——被同学欺负。心理咨询师为小芳提供了心理干预和支持，帮助她逐渐走出阴影。同时，小芳的父母也与学校相关人员进行了沟通，共同解决问题。

6. 加强对孩子的安全教育

（1）提高自我保护意识

家长要教导孩子如何识别危险信号，遇到危险时如何保护自己。例如，告诉孩子在遇到陌生人跟踪时要往人多的地方走，并及时向他人求助。

（2）避免成为欺凌者

家长要让孩子明白欺凌行为的严重性和后果，教育孩子要尊重他人，不欺负弱小。例如，家长可以通过讲述真实的案例，让孩子明白欺凌他人会受到法律的制裁和道德的谴责。

（3）正确应对欺凌

如果孩子遭遇欺凌，家长要教会孩子勇敢说"不"，及时向老师、家长报告，而不是默默忍受。例如，和孩子一起模拟被欺凌的场景，练习应对的方法和话术。

7. 注重自身的行为示范

孩子往往会模仿父母的行为，如果父母在日常生活中脾气暴躁、处理问题简单粗暴，孩子也可能会习得这种不良的行为方式，在与同学相处时容易出现攻击行为[1]。相反，父母温和、理性地处理问题，孩子也会潜移默化地受到影响，学会用和平、理性的方式解决矛盾。

8. 营造和谐的家庭氛围

（1）减少家庭冲突

家庭冲突严重影响孩子心理健康。家长之间的争吵和冲突会让孩子感到不安和恐惧，甚至可能模仿这种行为，在与他人交往时表现出攻击性。因此，家长应尽量避免在孩子面前发生激烈的争吵和冲突。如果夫妻之间有分歧，应以平和、理性的方式解决。例如，一对夫妻在教育孩子的方式上存在分歧，父亲倾向于严格管教，而母亲则更倾向于宽松教育。两个人在孩子面前争执不休，导致孩子情绪低落，甚至在与他人交往中表现出攻击性。为了避免这种情况，这对夫妻可以在孩子不在场的情况下进行沟通和协商，达成一致意见，从而减少对孩子的负面影响。

---

① 苏雪燕. 中学校园欺凌行为预防策略研究［D］新乡：河南师范大学，2025.

（2）建立民主的家庭环境

民主的家庭环境有利于培养孩子的责任感和独立思考能力。家长应让孩子参与家庭决策，尊重孩子的意见和选择。例如，在制订家庭旅游计划时，家长可以听取孩子的想法，让孩子参与选择目的地、安排行程等。通过这种方式，孩子不仅能感受到家庭的尊重和关爱，还能学会如何做出合理的决策和承担责任。这种民主的家庭环境有助于孩子在学校中更好地与他人合作，减少欺凌行为的发生。

9. 与学校保持密切沟通

（1）了解孩子在学校的表现

家长应定期与老师交流，了解孩子在学校的学习、生活和人际交往情况，及时发现问题。例如，在参加家长会时，家长可以与老师单独沟通孩子的近期表现。假设孩子的学习成绩突然下降，家长通过与老师的沟通了解到孩子最近与同学关系紧张，甚至有被欺凌的迹象，家长应及时采取措施，与孩子进行深入交流，了解其心理状态，并提供必要的支持和帮助，防止问题进一步恶化。

（2）配合学校的教育工作

家长应积极参与学校组织的活动，支持学校的各项规章制度和教育措施。例如，响应学校关于预防校园欺凌的宣传活动，在家中对孩子进行相关教育。假设学校开展了一次反欺凌主题班会，家长可以在家中与孩子讨论班会的主题，帮助孩子理解欺凌的危害和如何应对欺凌行为。通过这种方式，家长不仅能增强孩子的自我保护意识，还能与学校形成合力，共同为孩子营造一个安全、和谐的校园环境。

总之，家庭教育在预防校园欺凌中起着基础性的作用。家长要为孩子营造一个充满爱、尊重和理解的家庭环境，培养孩子良好的品德、价值观和行为习惯，关注孩子的心理健康，提高孩子的人际交往能力和自我保护意识，与学校密切配合，共同为孩子的成长保驾护航。

五、社会层面的认同与合作

校园欺凌不仅受家庭和学校方面的影响，社会因素对校园欺凌的产生也发挥了一定的作用。社会文化、社会环境、社会舆论、社会法制和社会价值都在不同程度上影响着儿童和青少年的行为和价值观，进而对校园欺凌的发生起到推波助澜的作用。

（一）社会文化的影响

1. 暴力文化的传播

在当今社会，在各种媒体渠道，如电影、电视剧、网络游戏、短视频等，暴力内容随处可见。这些充满暴力元素的内容，对儿童和青少年的价值观和行为模式产生了潜移默化的影响。例如，在一些热门的动作电影中，激烈的打斗场面和血腥的画面，可能会让儿童和青少年错误地认为暴力是解决问题的有效手段。再如，在某些网络游戏中，玩家可以通过暴力行为获得胜利和奖励，这使儿童和青少年在虚拟世界中养成了用暴力解决问题的习惯，进而可能将这种行为模式带到现实生活中。

2. 不良亚文化的影响

社会上存在一些不良的亚文化，如帮派文化、"小混混"文化等。这些亚文化强调以武力和暴力来获取地位和尊重，对青少年具有一定的吸引力。青少年可能会为了融入这些所谓的"圈子"，模仿其成员的行为方式，从而参与到校园欺凌中。例如，青少年会模仿帮派成员的穿着和行为，拉帮结派，欺负其他同学，以显示自己的"威风"。

（二）社会环境的影响

1. 社区治安状况

生活在治安状况不佳社区的儿童和青少年更容易接触到不良行为和犯罪活动。如果社区中频繁发生暴力事件、盗窃行为等，会让儿童和青少年感到不安和恐惧，同时也降低了他们对暴力行为的敏感度。

2. 社会竞争压力

现代社会竞争激烈，每个人都面临着各种各样的压力。这些压力可能会传递给儿童和青少年，导致他们产生焦虑和不安的情绪。为了释放这些压力，一些儿童和青少年可能会选择通过欺凌他人来获得心理上的满足和平衡。比如，在学习压力巨大的情况下，一些学生可能会将自己的挫折感转化为对同学的欺凌行为。

（三）社会舆论的影响

1. 对欺凌行为的关注度不足

社会舆论对校园欺凌问题的关注度不够，可能会让欺凌者认为自己的行为不会受到谴责和惩罚，从而更加肆无忌惮。例如，如果媒体对于校园欺凌事件的报道不够深入和广泛，公众就会对这一问题的认识不足，难以形成对欺凌行为的强大舆论压力，无法有效遏制其发生。

2. 对受害者的指责

在某些情况下，社会舆论可能会对校园欺凌的受害者进行指责，认为是他们自身存在问题才导致被欺凌。这种错误的舆论导向会让受害者感到更加无助和绝望，同时也可能让欺凌者更加有恃无恐。比如，当一起校园欺凌事件曝光后，有人会说受害者"太软弱""不会自我保护"，而不是谴责欺凌者。

（四）社会法制的影响

1. 法律法规的不完善

当前，针对校园欺凌的法律法规还不够完善，对于欺凌行为的界定不够明确，处罚力度也相对较轻。这使一些欺凌者认为自己的行为不会受到严厉的法律制裁。例如，对于一些轻微的欺凌行为，如言语侮辱、排挤等，法律可能无法给予有效的惩处，这在一定程度上纵容了欺凌行为的发生。

2. 执法力度不够

即使有相关的法律法规，在实际执行过程中，如果执法力度不够，也无法对欺凌者起到有效的威慑作用。例如，对于校园欺凌事件的处理，有时可能只是简单的批评教育，而没有追究相关人员的法律责任，这让欺凌者没有认识到自己行为的严重性。

（五）社会价值观的影响

1. 过度追求物质和功利

过度追求物质和功利的价值观，可能会让儿童和青少年产生攀比心理和嫉妒情绪。当自己的需求无法得到满足时，他们可能会通过欺凌他人来获取财物或者满足自己的虚荣心。例如，在一些学校，学生之间的物质攀比现象严重，导致部分学生通过欺凌他人来获取财物。

2. 缺乏对他人的尊重和关爱

在社会中，如果普遍缺乏对他人的尊重和关爱，人与人之间的关系就会变得冷漠和疏离，儿童和青少年也可能会受到这种风气的影响，在校园中对同学缺乏同情心，从而实施欺凌行为。例如，在一个只注重个人利益而忽视他人感受的社会环境中长大的儿童和青少年，可能会在学校中对同学的痛苦和困难视而不见，甚至加以欺凌。

六、文明层面的制约与召唤

（一）强化宣传教育的针对性和实效性

为了使校园欺凌防治的宣传教育工作更具针对性和实效性，我们需要深入了解不同年龄段学生和不同群体的特点。

对于年幼的学生，宣传教育可以侧重于通过生动有趣的动画、故事等形式，让他们明白友好相处、互相尊重的重要性。例如，制作一系列以可爱的动物为主角的短视频，展示它们在面对冲突时如何通过和平方式解决问题。

对于青少年，宣传内容可以更深入地探讨校园欺凌的危害、法律后果及如何正确应对欺凌，利用直播互动的方式，邀请专家进行在线解答疑问，让他们能够更直接地获取信息和建议。

针对家长群体，宣传重点可以放在如何培养孩子的良好品德、如何观察孩子的异常行为及与孩子进行良好的沟通，如推送专门的育儿类文章和讲座。

对于教师群体，应提供有关如何识别和处理校园欺凌事件的专业培训课程。同时，积极利用新媒体和新技术，如在社交媒体平台创建热门话题，引发广泛讨论，或者开发有趣的互动游戏，让受众在参与中增强对校园欺凌的认识和防范意识。

（二）合理配置资源

在校园欺凌防治工作中，合理配置资源至关重要。

要加大对贫困地区和薄弱学校的支持力度，通过政策倾斜为这些地区和学校提供更多的资金、人力和物力。可以设立专项基金，用于改善校园设施，建设安全的学习环境，如安装监控设备、设置安全警示标识等。增加教育资源的投入，为贫困地区的学校提供优质的教材、教学设备和在线教育资源，缩小城乡教育差距。在资金投入方面，设立专门的预算项目，确保资金能够及时、足额地到达需要的地方。同时，通过政策引导鼓励优秀教师到贫困地区和薄弱学校任教，提高教育教学质量。

此外，要鼓励、吸引社会力量参与办学，形成多元化助学格局。企业可以捐赠物资和资金，社会组织可以开展志愿服务活动，为学生提供心理辅导、法律咨询等服务。还可以建立公益平台，吸引个人捐款捐物，共同为校园欺凌防治工作贡献力量。

（三）建立高效的协作机制

为了有效防治校园欺凌，明确各部门在其中的职责和任务是基础。

教育部门应负责制定和推行相关的教育政策和课程，培养学生的良好品德和社会责任感。

公安部门要严厉打击涉及校园欺凌的违法犯罪行为，维护校园周边的治安秩序。

司法部门要为受害者提供法律援助，确保他们的合法权益得到保障。

民政部门要为困境中的学生提供必要的救助和支持。

建立定期的联席会议制度，让上述各部门能够及时交流工作进展和问题。在会议上，可以共同商讨重大欺凌事件的处理方案，协调各方资源。加强信息共享，搭建统一的信息平台，各部门能够及时上传和获取相关数据和信息，如欺凌事件的发生情况、处理结果等。

（四）加强社会监督

充分发挥公众和媒体的监督作用对于校园欺凌防治工作至关重要。

公众可以通过举报电话、网络平台等渠道，反映身边可能存在的校园欺凌问题。媒体则应积极履行社会责任，对校园欺凌现象进行深入调查和报道，形成强大的舆论压力。

对校园欺凌防治工作进行全程监督，包括学校的预防措施、处理流程及相关部门的执法情况等。

对于工作不力的部门和单位，媒体要及时予以曝光，引发社会关注，促使其改进工作。

同时，建立问责机制，对在防治工作中失职渎职的人员进行严肃处理。公众也可以对媒体的报道进行监督，确保其客观、公正、准确。通过这种全方位的监督，推动校园欺凌防治工作不断完善，为学生创造一个安全、和谐的学习环境。

（五）发挥媒体的舆论引导作用

通过正面报道友善互助的校园故事，树立良好的榜样，弘扬正能量。同时，客观、准确地报道校园欺凌事件，引起社会对这一问题的重视，而不是过度渲染负面内容，以免对学生产生不良影响[①]。例如，某媒体报道了一所学校通过开展"友善校园"主题活动，学生之间的关系更加融洽，欺凌行为明显减少。这一报道引发了其他学校的效仿，推动了校园氛围的改善。

（六）发挥企业的支持作用

企业也可以承担起社会责任，为预防校园欺凌提供支持。一些企业向学校捐赠相关的教育资源，如书籍、影视资料等，帮助学校开展预防校园欺凌的教育工作。还有企业设立专项基金，用于支持校园欺凌研究和相关干预项目。

（七）政府强化相关政策

政府部门应加强监管和政策制定。一方面，加强对校园周边环境的治理，减少不良文化对学生的影响；另一方面，完善相关法律法规，明确校园欺凌的认定标准和处理办法，为预防和处理校园欺凌提供法律依据。

（八）发挥社区独特的优势

社区作为孩子们日常生活的重要空间，可以组织开展各种丰富多彩的文化活动，像趣味十足的亲子运动会、精彩纷呈的文艺晚会，让孩子们在活动

---

① 夏媛圆. 学校在预防未成年人校园欺凌中的教育策略研究［J］. 山东青年，2018（12）：86-88.

中结交朋友，学会合作与分享，增进邻里之间的交流，营造和谐的社区氛围。社区还可以组织志愿者对社区内的儿童和青少年进行定期走访，了解他们的学习和生活情况，及时发现潜在的欺凌问题并进行干预。例如，有社区通过建立"青少年成长驿站"，为孩子们提供心理咨询、学习辅导等服务，有效预防校园欺凌的发生，为儿童和青少年健康成长撑起强有力的保护伞。

第四章

校园欺凌行为的矫正策略

校园欺凌的矫正是指针对已发生的欺凌事件，通过教育、心理干预、行为纠正、制度约束等系统性措施，帮助欺凌者认识错误、改变暴力或攻击性行为，同时修复被欺凌者的身心伤害，恢复校园安全与信任关系的综合过程。其核心不仅包括对个体的行为矫正，还包括完善校园管理机制，并推动家庭、学校、社会的协同合作，从根源上减少欺凌事件再发的风险，构建尊重、包容的成长环境。矫正强调事后补救，与事前预防形成闭环。校园欺凌行为的矫正与校园欺凌行为的预防的核心区别在于目标与措施的侧重点不同：矫正针对已发生的欺凌事件，通过惩戒、心理干预、修复伤害等手段，纠正欺凌者的行为并保护被欺凌者，以减少负面影响和防止再犯；预防则是从源头减少欺凌行为的发生，通过教育宣传、建立包容的校园文化、加强师生监督等方式，提前消除潜在诱因，培养学生尊重他人的意识。预防是长期基础，矫正是必要补救，二者相辅相成，共同构建安全健康的校园环境。

矫正校园欺凌行为的重要性在于其直接影响学生的身心健康、校园的环境，以及社会未来的和谐发展。欺凌行为不仅会导致被欺凌者遭受心理创伤，还可能扭曲欺凌者的价值观，助长暴力倾向，甚至演变为更严重的犯罪行为。通过及时矫正，既能保护被欺凌者的权益、修复其心理创伤，又能引导欺凌者回归正轨，同时营造尊重、包容的校园氛围，培养学生健全的人格和社会责任感。

但校园欺凌行为的矫正绝非单一策略可以根治，它需要一场从个体到系统、从隐性到显性的立体化干预。本章提出的"五维疗法"——心理修复、群体互助、文化重建、群防群治、法规惩戒——既是对欺凌行为的分层解剖，也是对教育生态的整体修复。当我们关注被欺凌者的心理重建时，必须同步激活同龄群体的正向联结；当我们在校园场域重塑尊重、包容的文化氛围时，更需要联动家庭、社区编织防护网络，最终以刚性制度筑牢底线屏障。这五个维度如同相互咬合的齿轮，既涵盖从微观情感到宏观制度的治理层级，又形成"预防－干预－修复"的完整闭环。唯有如此，才能让阳光穿透欺凌的阴霾，真正实现校园生态的可持续发展。

一、心理修复

校园欺凌的心理修复策略是一套全面且系统的干预方案，其目的是针对欺凌事件中的被欺凌者、欺凌者、旁观者三方所遭受的心理创伤，运用专业心理技术，重建心理安全，修复受损的社会关系，同时预防二次伤害的发生。

此策略涵盖三大维度，分别是被欺凌者心理重建，旨在消除创伤后应激反应，恢复自我价值感；欺凌者行为矫治，重点是打破道德推脱机制，重建共情能力；旁观者心理唤醒，目标是消除责任扩散效应，强化道德勇气。通过急性期、修复期、巩固期的分层干预，借助 VR 情境重塑系统、生物反馈干预舱等创新技术工具，配合心理档案动态管理、修复性司法会谈等长效支持机制，从多方面进行全方位的干预。

在校园环境中，欺凌现象是一个不容忽视且亟待解决的问题，它对涉事学生的心理健康会造成极大的影响。学校应配备专业的心理健康教师，为学生提供心理咨询和辅导服务，帮助他们解决心理问题，培养积极向上的心态。之所以要如此重视，是因为无论是欺凌者还是被欺凌者，他们的心理修复都极为重要。

对被欺凌者而言，其心理健康情况关系着他们是否会遭受二次欺凌，以及后续该如何应对欺凌。被欺凌者在经历了欺凌事件后，往往会体验到恐惧、自卑、焦虑等负面情绪，这些情绪若不能及时得到疏导，可能会导致他们在后续的校园生活中变得更加脆弱，更容易再次成为被欺凌的对象，而且也很难从之前的伤害中走出来。

欺凌者同样需要心理修复。很多欺凌者之所以会做出欺凌他人的行为，背后可能隐藏着自身心理方面的一些问题，如不良的家庭环境带来的情绪宣泄需求、自身缺乏正确的人际交往观念、存在一定程度的攻击性等。如果不对欺凌者的这些心理问题加以关注和引导，他们很可能会继续保持这种错误的行为模式，甚至变本加厉，不仅对更多同学造成伤害，对自身的身心健康也不利。

所以，心理修复主要从被欺凌者和欺凌者入手，只有全面关注双方的心理状况，通过专业心理健康教师的介入，运用科学有效的心理辅导方法，帮助他们化解内心的矛盾、修复心理创伤、树立正确的价值观和行为准则，才能真正从根源上减少校园欺凌现象的发生，营造一个积极向上、健康和谐的校园环境。

（一）主要策略

1. 认知调整

通过专门的心理辅导课程，让欺凌者了解自己行为的错误性及其严重后果。例如，展示一些因校园欺凌导致被欺凌者遭受长期心理创伤甚至自杀等真实案例的数据，使其深刻认识到问题的严重性。

帮助欺凌者分析自己欺凌行为的根源，如自身的情绪管理问题、家庭环境的影响等，促使其主动思考并愿意改变。

及时安排专业的心理咨询师与欺凌者和被欺凌者进行一对一的辅导。心理咨询师可以运用专业的心理评估工具，了解被欺凌者心理创伤的程度，制定个性化的治疗方案。

2. 情绪管理训练

为了让欺凌者在情绪激动时能够冷静下来，可以教他们有效的情绪调节技巧，如深呼吸、放松训练等，让其在感到愤怒并想要实施欺凌行为时，先进行几次深呼吸，放松身心，缓解冲动的情绪。

设置专门的心理咨询室或提供适当的运动、艺术等活动，让学生有合理的方式宣泄负面情绪，避免将负面情绪转化为欺凌行为。

向被欺凌者教授自我放松和情绪调节的方法，如深呼吸训练、冥想、瑜伽等，每天安排一定时间进行练习，帮助他们缓解紧张和焦虑情绪。鼓励他们通过写日记、绘画、音乐等方式表达内心的情感，将负面情绪宣泄出来。

3. 建立良好人际关系

开展团队合作活动和社交技能训练课程，提高欺凌者的人际交往能力。例如，在小组活动中学习如何与他人沟通、合作和解决冲突。

引导同学之间建立积极健康的友谊关系，体验到友善交往带来的快乐和满足感，逐渐改变不良的社交行为模式。鼓励被欺凌者参加兴趣小组或社团活动，帮助他们结识新朋友，重建社交圈子，提升自信心和归属感。

4. 家庭与学校合作

家长参与欺凌问题的解决与学生欺凌、被欺凌现象之间存在正向关联[①]。

家长要积极参与孩子的教育过程，给予他们足够的关爱和正确的引导。例如，家长耐心倾听孩子的感受和经历，每天至少花半小时与他们进行真诚

---

① 郑雪萍. 家校合作与小学生校园欺凌行为研究［D］青岛：青岛大学，2023.

地交流，了解他们的内心想法和在校生活情况，及时发现并解决问题。

确保在学校和家庭中为被欺凌者创建一个稳定、安全且无压力的空间。例如，在学校安排专门的安静角落供其休息调整，减少与可能再次引发负面感受的欺凌者或场景接触的机会。教师和家长要密切关注被欺凌者的行踪和情绪状态，随时提供必要的支持和保护，让其感受到有人在身边守护。

（二）具体案例

我们通过具体案例分析如何在欺凌实践中使用心理修复这一策略。

1. 案例一

小安（化名）是某学校的一名女生，她是随迁子女，患有肢体二级残疾，父母离异。这种身体和家庭情况对她的成长产生了很大的影响，也让她的性格变得敏感又孤僻。

最近，学生们即将迎来一次重要的考试。为了帮助学生缓解考前的紧张情绪，以更好的状态应对考试，学校特意邀请了专业的老师进入班级，为学生开展考前团体心理辅导活动。在这次辅导活动中，有一个环节需要同学们两人牵着手围成一个圈，以此增进彼此之间的互动和信任，营造一个温暖、和谐的氛围。然而，当学生纷纷开始牵手时，尴尬的一幕出现了：班里竟没有人愿意主动与小安牵手，小安只能孤独地躲在角落里，看着同学们两两牵手围成圈，她的眼神里满是落寞与无助。

见此情形，领队老师和班主任赶忙出面协调，在他们的劝说下，有一个男生同意与小安牵手。可令人意想不到的是，这个男生将手隔着衣袖与小安牵手。等到游戏结束后，该男生立刻拿出湿纸巾，仔细地擦拭刚刚与小安接触过的衣袖。这深深地刺痛了小安的心，一直以来压抑在心底的委屈、难过瞬间涌上心头,她再也忍不住了,眼泪夺眶而出,开始小声地抽泣起来。班上其他同学看到小安哭了,不但没有对她表示同情和安慰,反而哈哈大笑起来。

这一情况引起了班主任与心理老师的高度关注,心理老师当即介入,而后德育主任、班主任与心理老师紧急开会商议解决办法,形成了以心理老师为主,班主任和德育主任为辅的干预团队。

(1)心理老师层面

第一阶段:危机干预(事件发生后 24 小时内)

稳定情绪:心理老师将小安带到心理咨询室,引导小安进行"4-7-8 呼吸法"(吸气 4 秒→屏息 7 秒→呼气 8 秒),缓解急性焦虑反应。

初步创伤评估:心理老师使用专业的量表进行筛查,重点关注小安的回避行为(如抗拒返校)与负性认知(如"所有人都讨厌我")的严重程度;和小安一起绘制情绪事件地图,标记创伤事件发生前后的情绪峰值变化。初步评估小安的心理创伤情况,以便后续有针对性地进行治疗。

第二阶段:系统化心理重建

认知重构工程:心理老师在午休时间利用"木偶剧场"技术,让小安用布偶重现事件场景并重新编写结局,打破创伤记忆的固化认知;每天指导小安记录 3 条"被接纳的证据",如某同学早上向我问好,逐步打破"我永远被排斥"的观念。

社交功能修复:修复不是一日之功,所以心理老师采取阶梯式修复法,通过 3 个递进层级帮助小安逐步走出阴霾,重新建立自信与积极心态。第一层级,为了了解小安在类似场景下的焦虑程度,心理老师将小安带到了心理咨询室。在这里,老师通过语言生动地描述了课间同学们在走廊上相互交流的场景，同时密切地观察小安的反应。老师留意小安的表情变化、身体语言，如是否会出现皱眉、不自觉地握紧拳头，或者呼吸变得急促等情况，还会轻声询问小安在听到这些描述时内心的感受，引导她坦诚地说出自己脑海中浮现出的想法及此刻的情绪状态，以此评估小安在面对同学交往这一场景时的焦虑情况，为后续的修复工作奠定基础。第二层级，当小安能够相对平稳地面对以上模拟场景，心理老师便开始组织两人兴趣小组，鼓励小安参与其中，如五子棋和拼图等，让小安慢慢尝试与他人近距离接触、合作，逐步缓解她在人际交往中的紧张感和不适感。第三层级，在小安顺利地适应了两人互动后，心理老师便会引导小安参与到 4～6 人小组活动中，并在其中承担具体的角色。心理老师会引导小安积极地与其他小组成员交流想法、共同完善活动内容，帮助小安在多人交往的情境中不断提升自己的社交能力，进一步修复曾经受伤的心灵，使其能够更加自然、自信地融入集体生活。

第三阶段：长期追踪与复发预防

心理老师设计了"情绪温度计"对话卡，并与小安的家人进行沟通，家人每日会询问小安：今天你的情绪温度是几度？需要什么来降温？并将每天的沟通情况录音提交给心理老师。

每隔一个月心理老师会使用《创伤后成长量表》对小安进行评估，重点关注她在"人际关系""生命意义"维度的变化，指导小安保持心理健康。

（2）班主任层面

当天班主任便在班级中开展了一次以"尊重与关爱"为主题的班会，通过真实案例分享、角色扮演等方式，引导学生反思此次事件中一些学生的不当行为，让大家明白每个人都需要尊重和关爱，尤其是身体有残疾的同学。课下分别与涉事男生和带头嘲笑的同学进行谈话，了解他们当时的想法和动机，严肃指出他们行为的错误之处，引导他们认识到自己的行为给小安带来的伤害，并鼓励他们向小安道歉。之后的几个月除配合心理老师对小安进行治疗，在日常学习生活中，班主任更加关注小安的情况，在座位安排上，选择性格温和、乐于助人的同学坐在她的旁边，方便在学习和生活上给予她帮助。同时，鼓励小安积极参与班级活动，为她创造展示自己优点的机会，增强她在班级中的归属感。

（3）德育主任层面

德育主任在周一组织了一次全校性的主题教育活动，围绕"尊重差异，关爱他人"的主题，通过宣传栏、国旗下讲话向全体学生传递尊重和包容的价值观，营造温暖、和谐的校园氛围。升旗仪式结束后开展了针对全体教师的培训活动，强调在教学过程中关注学生心理健康和尊重学生个体差异的重要性，提升教师处理类似事件的能力和技巧，确保每位教师都能敏锐地觉察学生的行为和心理问题。

通过系统性的干预，小安从最初因排斥产生的自我封闭逐步转变为能参与班级活动，情绪调节能力明显提升；同学们在课间自发为小安调整桌椅高度、分享笔记，班级中形成良性互动的氛围。这种双重转变不仅修复了小安的社交安全感，更将创伤事件转化为班级成长契机。

2. 案例二

小蕾（化名）是一名五年级的女生，她性格开朗，学习成绩很好。可自从班里转来了一个叫小莉（化名）的女生后，小蕾的生活就发生了改变。小莉性格比较强势，很快就和班里几个女生组成了一个小团体。不知为何，她们总和小蕾过不去。在课间休息时，她们会故意走到小蕾的座位旁，装作不小心撞到小蕾正在写作业的手，害得小蕾写错字或者划破作业本。小蕾刚想理论几句，她们就七嘴八舌地嘲讽道："哟，好学生这么小气呀，碰一下都不行啦。"然后就哄堂大笑地走开了。每次上美术课，需要小组合作完成作品时，只要小蕾和她们分在一组，她们就会把所有的任务都丢给小蕾，还在一旁指手画脚，说小蕾做得不好。要是小蕾稍有不满，她们就会孤立小蕾，在其他同学面前说小蕾的坏话。有一次放学，小蕾独自走在回家的小道上，她们几个人堵住了小蕾的去路，把她书包里的东西一股脑儿地倒在地上，书本、文具撒落得到处都是。小蕾着急地去捡，她们却把书本踢来踢去，还对着小蕾喊："看你还敢在班里出风头，以后给我们小心点！"小蕾又委屈又害怕，眼泪止不住地流了下来，却只能默默地收拾着被弄乱的东西。

慢慢地小蕾变得越来越胆小，在学校里总是战战兢兢的，连上课都不敢主动举手发言了，学习成绩也受到了很大影响。直到有一天，小蕾的妈妈发现小蕾总是闷闷不乐，晚上还常常做噩梦，便仔细询问小蕾，在妈妈的再三追问下，小蕾终于哭着说出了在学校被欺负的事情。小蕾的妈妈第二天就来到学校，向班主任反映了情况。班主任得知后，立刻展开调查，找了不少同学了解事情经过，证实了小莉等人的欺凌行为。

学校对小莉等人进行了严肃的批评教育，让她们认识到自己的错误，并且要求她们当面向小蕾道歉。同时，学校组织了多场关于预防校园欺凌的主题班会，还安排心理老师对小蕾进行心理疏导，帮助她重新找回自信。

在以上案例发生以后，校园防欺凌小组紧急召开会议并拟定措施，具体实施如下。

（1）个体心理创伤修复策略

情绪解压沙盘游戏

在心理咨询室里，心理老师耐心地引导小蕾开启一场特殊的沙盘游戏之旅。老师先让小蕾静下心来，慢慢地回忆被欺负时的场景，然后用沙盘中的各种沙具将被欺负时的场景一一摆放出来。当场景初步搭建完成时，老师会轻声询问小蕾，在这个让她恐惧、难过的场景里，她最希望出现什么以改变局面。这时，老师引导小蕾添加代表正义与保护力量的沙具，像身着制服、威风凛凛的警察或拥有超能力、能瞬间出现保护她的超人。接着改变场景中欺凌者的结局，让欺凌者站在写有"批评"字样的卡片前，接受应有的惩罚。在此过程中，老师不断地与小蕾交流，询问她此刻的感受，帮助她重新梳理和认识这段痛苦的经历。小蕾逐渐意识到自己并非孤立无援，从而慢慢地驱散内心深处的无助感。

正向记忆银行

心理老师为小蕾准备一个精美的"能量手账本"，告诉她这是一个储存温暖和快乐的小天地。每天小蕾都要仔细留意身边发生的点滴美好，然后认真地记录下 3 件温暖的小事。这些小事可能是课间休息时，同桌发现她的笔掉在地上，主动帮忙捡起来并递到她的手中；也可能是老师批改完作业后，在全班同学面前夸赞她作业书写工整、思路清晰。小蕾需要把这些日常的温暖瞬间详细地记录在本子上，包括事情发生的时间、地点及自己当时的感受。并且，老师建议小蕾在每天睡前或者心情低落时，翻开这个手账本，细细回味这些开心的事情。这些积极的记忆让小蕾的内心重新充满温暖和力量。

自我效能感重建训练

为了帮助小蕾逐步克服内心的恐惧，重新找回自信，心理老师为她设计了一系列难度逐步增加的社交任务。第一周，小蕾需要鼓起勇气，每天主动向一名同学借文具。第二周，在小组讨论环节，小蕾要积极发言 2 次。第三周，当班级组织活动时，小蕾主动担任小助手。每顺利完成一个阶段的任务，老师都会为小蕾颁发一枚设计独特的"勇气勋章"，并将这些勋章放在一个显眼的位置，让小蕾能够清楚地看到自己一路走来的成长与进步，激励她不断挑战自我。

（2）群体心理支持系统建设

同理心唤醒工程

老师组织全班同学开展一节体验课。老师为每名同学发放一副特制的眼镜，戴上后，原本清晰的世界变得模糊不清，就像眼睛蒙上了一层薄雾，看什么都不真切；同时，给同学们穿上特制的负重背心，这些背心有一定的重量，让同学在行走、活动时都能明显感觉到身体的负担，仿佛身体上压着一块大石头。在这样的状态下，同学开始完成日常的学习和生活任务，原本轻松的书写变得困难重重，需要更加集中注意力；在课间休息时，正常的走路也变得有些吃力，每一步都迈得小心翼翼。当体验结束后，老师组织开展"被误解时"的主题讨论。同学们围坐在一起，依次分享自己在体验过程中的感受，有的同学说那种模糊的视线让自己感到极度不安，做什么都提心吊胆；还有的同学表示负重背心带来的压力让自己心情压抑。通过这些分享，让同学们设身处地地体会到被欺凌者内心所承受的痛苦和煎熬，从而学会站在他人的角度思考问题，培养共情能力。

社交生态重构方案

老师根据同学们不同的性格特点，将班级同学分成若干个小组，每组6人。每个小组都像一道绚丽的彩虹，汇聚了各种不同性格的同学，有开朗活泼、总是充满活力的，也有内向安静、心思细腻的。这些小组每周都要共同完成一些有趣的合作任务。其中一项任务是共同养护一盆绿植，小组成员需要分工合作：有的负责定时给绿植浇水，有的负责记录绿植的生长情况，有的负责定期给绿植施肥、修剪枝叶。在这个过程中，同学们学会了相互协作、相互照顾。另一项任务是合作创作反欺凌主题的拼贴画，同学们需要一起从各种杂志、报纸上搜集与反欺凌相关的图片；也可以自己动手绘制一些具有寓意的图案，然后将这些图片和图案拼贴在一起，创作出一幅能够表达反对欺凌、倡导友善的拼贴画。在这个过程中，同学们充分交流想法，增进了对彼此的了解，打破了以往班级中存在的小团体界限，让班级氛围更加融洽。

（3）环境心理安全重塑策略

空间疗愈场域构建

为了营造一个更加和谐、公平的学习环境，班级采用"月轮换制＋自由组合日"的座位安排方式。每个月，老师会重新排列座位，让同学们有机会与不同的同学成为学习伙伴，增进彼此之间的交流和了解。同时，把每周五设定为"自由组合日"，在这一天，同学们可以根据自己的意愿，自主选择当天的学习伙伴。他们可以和兴趣相投的同学坐在一起，共同探讨学习问题；也可以选择与平时交流较少的同学成为同桌，拓宽自己的社交圈子。通过这样灵活的座位调整方式，避免了同学之间长期坐在一起可能产生的矛盾和冲突，让班级的人际关系更加融洽，为同学们创造一个安全、舒适的学习环境。

长效保护机制

老师在教室设置了一个"三色情绪晴雨表"，它就像一个班级心理状态实时监测器。每天，同学们都可以根据自己当天的心情，在晴雨表上贴上相应颜色的贴纸。如果心情愉悦，就贴上绿色的贴纸；要是感觉有点小烦恼，如和同学闹别扭，就贴上黄色的贴纸，同时还可以匿名投放一张求助卡片，卡片上可以简单写下自己遇到的问题。老师会定期查看这些卡片，在合适的时间给予学生帮助和指导。一旦出现红色的贴纸，就意味着有人心情非常糟糕，正面临着较大的心理压力或困扰，老师会立即触发约谈机制，主动找到相关同学，私下与他进行深入的交流，了解其内心的烦恼，给予关心和支持，确保能够及时发现并解决同学们遇到的问题，随时掌握班级同学的心理状态。

（4）家校协同修复

家长心理赋能计划

老师为小蕾妈妈提供一份《创伤后应激反应指南》，这是一份帮助家长了解孩子经历创伤后心理变化及应对方法的实用手册。老师详细为小蕾的妈妈讲解其中的重要内容，特别是"蝴蝶拥抱法"和"安全基地对话术"这两种家庭心理支持技巧。

为了加强小蕾和妈妈之间的情感联系，重新建立安全感，每天留5分钟的专属亲子时间。在这段时间里，小蕾和妈妈可以一起画情绪天气图。在画画的过程中，妈妈和小蕾可以互相交流为什么会有这样的心情，分享当天发生的有趣或者烦恼的事情。她们可以一起合作完成一副拼图，在拼图的过程中，妈妈和小蕾相互配合，在轻松愉快的氛围中增进彼此之间的感情，让小蕾重新感受到家庭的温暖和安全感。

家校疗愈共同体

学校每个月举办一场家长和老师的联合沙龙，也就是"平行成长工作坊"。在这个工作坊中，家长和老师一起学习孩子在经历创伤后如何通过正确的引导和支持，从创伤中恢复并获得成长。在学习过程中，大家结合小蕾的实际情况进行讨论和分析，分享各自的经验和见解。

学校积极寻找 3～5 个富有爱心的志愿者家庭，让他们与小蕾的家庭结成对子。这些家庭会定期组织户外亲子活动。例如，在阳光明媚的周末一起去公园野餐。通过这些丰富多彩的户外亲子活动，让小蕾在不同家庭的关爱和支持下，感受到更多的温暖和快乐，拓宽自己的社交圈子，更快地走出校园欺凌的阴影，重新拥抱美好的生活。

3. 案例三

14 岁的初二女生小文在父母离异后跟随母亲生活，家庭经济困难，小文的性格很内向。小笠（化名）等 3 名同班女生经常用"穷酸""没爸爸"等言语侮辱小文，故意在社交活动、小组学习中孤立她，还损坏她的文具，甚至偷拍小文的照片上传到社交平台。长期的欺凌让小文不堪重负，最终情绪崩溃、哭泣不止，继而拒绝上学，小文的妈妈发现小文手臂上的自残伤痕后，心急如焚地向学校求助，期盼能帮小文摆脱困境。以下是处理过程及策略。

（1）危机干预阶段

立即介入与保护

班主任作为第一责任人，迅速采取行动，将小文遭受欺凌的详细情况上报至学校德育处，内容包括欺凌者的具体行为、发生的时间与地点、已知的相关证据（如社交平台上的图片和不当言论截图、损坏文具的照片等），确保信息的完整性与准确性。

德育处接到通报后，立即安排专人隔离小笠及其他 3 名欺凌者，避免她们再次与小文接触。同时，让她们删除发布在社交平台上的所有关于小文的照片、侮辱性言论等不当内容，从源头上截断负面信息的传播，保护小文的隐私与名誉不再继续受损。

心理老师在接到通知后为小文进行紧急心理疏导。在此过程中，老师坚定且明确地告知小文："这一切都不是你的错，你是受害者，老师会全力帮助你走出困境。"

多方会谈与责任划分

学校德育处牵头，安排一场包括欺凌者及家长、被欺凌者家长、班主任、心理老师四方参与的会谈。会谈时间选择在各方都相对方便且能保证充分交流的时段，地点定在学校专门的会议室。提前通知各方会谈的主题、目的与大致流程，确保大家有所准备。

依据学校相关校规校纪，对小笠等欺凌者给予适当的处分，安排一定时长的志愿服务，让她们在帮助他人、回馈社会的过程中反思自身的行为；要求她们进行深刻的书面检讨，剖析自己行为的错误根源、造成的恶劣影响，以及今后的改正措施。

责令欺凌者在全校或班级范围内公开向小文道歉，让她们真切认识到自己的行为给他人带来的伤害。同时，监督欺凌者及其家长共同签署《行为承诺书》，明确承诺今后不再实施任何欺凌行为，如有违反，愿意接受更严厉的惩罚，以此约束其行为，强化责任意识。

（2）心理修复与教育引导阶段

持续心理辅导

制定个性化的辅导方案：心理老师根据小文在危机干预阶段的表现、情绪状态、过往经历等，为她量身定制了一份长期的心理辅导方案。每周安排固定的 2 ～ 3 次一对一的辅导，每次辅导时长 45 ～ 60 分钟，确保辅导的连贯性与深入性。

班级融入与支持

班主任组织一场以"友善与包容"为主题的班会活动，通过播放温馨感人的短视频、讲述正能量的校园故事、组织小组讨论等形式，引导全班同学思考友善待人的重要性，营造互助友爱的班级氛围。鼓励同学们主动分享自己身边的友善行为，激发大家内心的善良与同理心。

家校共育强化

班主任、心理老师每周至少与小文的家长沟通一次，通过电话或面对面交流等方式，向家长反馈小文在学校的情绪变化、学习情况、社交进展等，同时了解小文在家中的表现，如睡眠、饮食、情绪波动等，全方位掌握她的状态。学校定期举办面向全体家长的家庭教育培训讲座，邀请教育专家、心理咨询师为家长传授亲子沟通技巧、青春期孩子的心理特点、家庭氛围营造等知识与技能。

（3）跟踪评估阶段

设立评估指标

心理老师制定一系列衡量小文心理康复程度的指标，如焦虑、抑郁等负面情绪的频率与强度降低情况，通过专业心理测评量表定期量化评估；观察小文自我认知的转变，从消极自我评价逐渐转向积极、客观的自我评价；留意小文应对压力、挫折的能力提升状况，是否能够以更健康的方式处理生活中的困难。班主任关注小文学习成绩的波动，将其作为评估恢复情况的辅助参考。观察小文在班级中的社交表现，是否主动与同学交流、互动，参与集体活动的意愿与频率是否增加，朋友数量是否逐渐增多，人际关系是否趋于和谐稳定，以此判断她融入集体生活的程度。

定期回访与调整

心理老师在事件处理后的第一个月内，每周对小文进行一次回访，了解各项心理修复策略的实施效果；从第二个月起，每两周回访一次；第三个月后，每月回访一次。回访形式不拘一格，可采用面对面交流、电话访谈等，确保全面、及时掌握小文各方面的动态变化。根据回访收集到的数据与信息，由德育处牵头，组织班主任、心理老师、家长共同商讨，对心理修复与教育引导策略进行适时调整。

二、群体互助

群体互助策略是一种通过调动学生群体的力量来干预校园欺凌的模式。其核心在于重构班级生态，而非仅针对个体行为进行矫正。干预主体从教师主导转变为学生群体自主维护，借助同辈群体的情感联结和道德约束力，通过集体活动瓦解欺凌小团体的权力结构，通过明确角色分工，逆转责任扩散，破解旁观者效应。

（一）主要策略

群体互助策略包含四大核心机制：通过同伴支持网络以正向人际关系替代孤立；利用集体荣誉绑定将个人行为与群体评价挂钩；借助角色身份重构改变学生在欺凌事件中的定位；依靠文化氛围浸润塑造新型班级规范。在实施时要遵循梯度渗透原则，分初期、中期、后期逐步推进；激活关键群体，如高影响力学生、潜在转变者和创伤修复者；同时做好风险防控，避免标签化、进行动态评估并设置退出机制。

在校园环境中，群体互助策略发挥着至关重要的作用，能够有效遏制校园欺凌现象。它充分调动了学生群体自身的力量，让每个学生都成为校园和谐氛围的营造者与守护者，通过彼此之间的协作、支持与监督，不仅能为被欺凌者提供及时的保护与帮助，更能从整体上改变校园风气，让友善、互助的正能量在校园中不断传递，进而消灭欺凌行为滋生的土壤。

群体互助的主要策略有：建立互助小组，同伴支持与陪伴，共同监督与制止，宣传与教育活动。建立互助小组能够搭建起一个有组织、有分工的互助平台，让同学们在面对问题时可以迅速集结力量，有条不紊地开展帮助行动。同伴支持与陪伴则着重关注学生的情感需求。在日常相处中，来自同伴的关心与鼓励能给予那些可能遭遇欺凌或者处于困境中的同学强大的心理支撑，让他们感受到温暖。共同监督与制止是从行为层面出发，发动全体学生时刻留意校园中的不良行为。一旦发现欺凌现象，大家能够齐心协力地去制止，形成一种对欺凌行为的强大威慑力。宣传与教育活动则是从思想根源上着手，通过开展各类丰富多样的宣传教育活动，提升学生们对校园欺凌的认知，增强大家的同理心和正确的人际交往观念，让每个学生都从内心深处认识到欺凌行为的危害，自觉抵制并积极预防校园欺凌的发生。这几个策略相辅相成，共同构成了完整且有效的群体互助体系，为打造和谐、安全的校园环境奠定坚实的基础。

1. 建立互助小组

由老师或专业辅导人员组织，将有正义感且善于沟通的学生组成校园欺凌防治互助小组。每个小组 5～8 人，包含不同性格和背景的学生，确保小组的多样性和代表性。小组成员定期接受培训，学习关于校园欺凌的识别、应对方法及沟通技巧等知识，每月至少进行一次集中培训，每次培训时长 1～2 小时。同时，在组建互助小组的过程中，融入"彩虹伙伴计划"理念，依据学生的不同特点、兴趣爱好等因素进行分组搭配，就像彩虹的不同颜色相互交织，共同构成绚丽多彩的画面一样，让每个小组都能发挥出独特且强大的互助力量。

2. 同伴支持与陪伴

当发现有同学遭受欺凌时，小组成员要及时主动地给予对方陪伴和安慰。例如，在课间或午休时间，陪伴被欺凌者一起活动，让其感受到同学的关心和集体的温暖，减少其内心的孤独感和恐惧感。鼓励被欺凌者勇敢地表达自己的感受和需求，小组成员认真倾听并给予积极的反馈，让被欺凌者知道他们不是一个人在面对困难。

3. 共同监督与制止

互助小组成员要关注校园内学生的各种行为动态，一旦发现欺凌迹象或行为，立即采取行动，可以通过一些巧妙的方式分散欺凌者的注意力。例如，故意制造一些小事件或提出其他话题，将被欺凌者带离现场，同时及时向老师或学校相关管理人员报告，详细描述事件发生的时间、地点、参与人员和具体情况，以便学校能够及时进行处理和干预。

4. 宣传与教育活动

互助小组组织开展各种形式的校园欺凌防治宣传活动，如制作宣传海报、举办主题班会、编排小品等。通过这些活动，向全校同学普及校园欺凌的危害及如何应对的知识，增强大家的防范意识和互助能力。另外，邀请曾经遭受过欺凌并成功走出阴影的同学分享自己的经历和感悟，让其他同学从中汲取力量和经验，增强应对欺凌的信心和勇气。

（二）具体案例

我们通过具体案例看看群体互助在实践中如何应用。

1. 案例一

小晗（化名）刚上一年级，在校园里他多次被几个同学围起来推搡，甚至有一次这几个人对他拳脚相加。小晗面对同学的欺凌只是默默地蜷缩起身体，既不反抗，也不还手，也没有向老师诉说自己的遭遇，就这样选择独自默默地忍受着。

直到有一次，他又被那几个同学欺负，恰好被路过的老师看到。老师赶忙上前制止了那些正在欺负小晗的同学，随后询问小晗，为什么在遭受欺负时不懂得反抗和保护自己。原来，妈妈教导小晗"不能打人"，所以在面对他人无端的欺凌时，即便自己受到了伤害，他依然牢记着妈妈的教诲，选择不还手。

本案例依据低龄儿童的特点，通过"游戏化干预系统＋认知重构方案"，将抽象的道德准则转化为可操作的自我保护策略，使群体互助真正成为流动在校园毛细血管中的保护力量，具体策略如下。

（1）建立"安全守护员"制度，适配低龄学生开展互助

在应用群体互助策略时，针对低龄学生推行"彩虹伙伴计划"，为小晗寻找同频的朋友，同时建立起"安全守护员"制度。设置 5 名佩戴特殊标识的守护员，且每周进行轮换。同时，为守护员配备"安全徽章报警器"作为干预工具，一旦遇到紧急情况，只需长按 3 秒就能触发教室蜂鸣器闪烁，及时引起大家的注意。例如，当守护员发现小晗被其他同学围堵的情况时，便可立即启动报警器，第一时间采取措施保护小晗。

（2）实施"同理心孵化工程"，助力学生认知与行为提升

实施"同理心孵化工程"，从认知建构和行为训练两方面培养学生的互助意识与能力。在认知建构方面，开发《身体权利绘本课》，利用形象的

"人体泡泡"比喻向学生讲解身体权利相关知识，让学生明白每个小朋友都有一个神奇泡泡，他人一碰泡泡就会破，所以一旦有人碰，就要大声说："停！这是我的泡泡！"以此帮助他们清晰地认识到自己的身体权利边界。在行为训练上，开展"救援者游戏日"活动，设置被欺负者、欺负者、帮助者3种角色卡，通过情景卡牌学习不同角色的应对方式，尤其是针对帮助者，明确了行动清单，如要张开手臂隔开双方、将被欺凌者带离现场及按响警报等。

（3）创建家庭-小组共育机制，拓展群体互助外延

通过创建家庭-小组共育机制，进一步拓展群体互助的外延。一方面，设立家长工作坊，设计自我保护情景应答手册，针对家庭教育中存在的一些误区进行修正。另一方面，在班级设置家校联络卡，其中专门设有"互助行为记录栏"，家长需要每日填写孩子完成的帮助行为，通过这样的方式鼓励孩子积极参与互助行为，同时也加强了家校之间在培养学生互助意识方面的沟通与合作。

"安全守护员"制度凭借其及时干预机制可以制止欺凌行为进一步发展、威慑潜在欺凌者，同时培养低龄学生的责任感与互助意识；"同理心孵化工程"增强学生的认知与共情能力，通过游戏引导正确应对欺凌行为；家庭-小组共育机制可以纠正家庭教育误区以强化学生自我保护意识，还通过家校联动促进互助行为常态化。这3个群体互助策略从不同方面协同发力，对矫治校园欺凌、营造和谐安全校园环境有着积极且重要的意义。

在这个案例中，群体互助带来了意义非凡的改变。起初被同学推搡或围殴时，小晗因牢记妈妈"不能打人"的教导，默默忍受，身心饱受伤害。而当老师发现并制止欺凌行为后，班级里的同学也开始展现出群体互助的力

量。同学们主动关心小晗，有人陪他一起玩耍，帮他走出心理阴影；有人在课间主动保护他，防止欺凌再次发生。在家里，妈妈不再一味地教他不能打人，而是要学会保护自己。对小晗而言，这些帮助让他内心的恐惧逐渐消散，脸上重新有了笑容，变得开朗、自信，愿意主动和同学们交流。对班级来说，群体互助让班级氛围变得温暖友爱。同学们在帮助小晗的过程中，学会了关爱他人、承担责任，班级凝聚力大大增强，大家更加团结，共同营造出一个积极向上的学习和成长环境。

2. 案例二

晓峰（化名）是初中二年级的学生，他身材瘦小，在班级里属于那种不太起眼的孩子。

在上体育课时，每当自由活动时间，几个高年级的学生总会来到晓峰班级的活动区域，故意找晓峰的麻烦。他们先是在打篮球时故意用身体撞晓峰，把晓峰撞倒后，还装作无辜的样子说是自己不小心。晓峰每次都只能忍着疼痛，自己爬起来，默默地走到一旁。后来，这几个高年级学生变本加厉，在课间操结束后会把晓峰强行拉到教学楼的楼梯间，让晓峰帮他们买零食或做值日。要是晓峰稍有犹豫，他们就会围上去对晓峰推推搡搡，还言语威胁说："你要是不听话，有你好看的，信不信我们让你在学校待不下去。"晓峰心里特别害怕，只能按照他们的要求去做。

这种情况持续了好长时间，晓峰变得沉默寡言，学习成绩也直线下降。直到有一次，晓峰的班主任发现他的情绪不太对劲，而且身上还出现了一些擦伤，便关切地询问晓峰发生了什么事。晓峰一开始不敢说，在班主任耐心的开导下，他终于忍不住哭着道出了这段时间被高年级学生欺凌的遭遇。班主任听后十分震惊，当即向学校反映了这个情况。

学校对此高度重视，迅速联系了那几个高年级学生所在班级的班主任及家长，对涉事学生进行了严肃的批评教育；并且开展了一系列校园反欺凌主题教育活动，让全校学生都深刻认识到校园欺凌的危害；同时，安排心理辅导老师为晓峰做心理疏导，帮助他重新树立自信。

这件事也给学校敲响了警钟，后续学校加强了校园巡查力度，尤其是课间、课外活动等时间段。

我们通过这个案例来看一看群体互助在实践中如何应用。

（1）建立"同伴守护者联盟"，大家一起监督

跨年级学生互助小组

把高年级和低年级的学生组成小组，每个小组有 3 ～ 4 个高年级学生、5 ～ 6 个低年级学生。定期让这些小组一起完成一些任务，如一起美化校园或策划活动。在这些小组中，选一些有责任感的高年级学生当"守护者"，让他们特别留意那些曾经参与过欺凌的学生，多和这些学生进行积极正面的交流。

班级安全观察员制度

每个班级通过匿名投票的方式选出 2 ～ 3 个同学当"隐形守护员"。学校要对这些守护员进行培训，教他们如何发现欺凌的迹象、怎么在安全的情况下制止欺凌行为。这些守护员可以随时把班级里出现的异常情况告诉班主任。在晓峰所在的班级，专门找 3 ～ 5 个有同理心的同学，组成"向日葵小队"，让小队成员主动邀请晓峰一起在课间玩游戏，或者一起参加学习小组，让晓峰重新在社交中感受到安全。

（2）构建"阶梯式互助生态"，消除年级隔阂

学长导师计划

挑选品德好、表现优秀的高年级学生，让他们当低年级班级的"成长导

师"。这些导师每周要在固定时间去低年级班级，辅导他们学习，组织大家一起玩团体游戏。对于那些曾经参与过欺凌的学生，可以安排他们辅助低年级班级上体育课，通过这种身份的转变，培养他们的责任感。

跨年级同理心工作坊

每个月开展一次"角色反转日"活动。在这一天，高年级学生和低年级学生互换身份，并完成一些指定的任务，如让高年级学生体验低年级的课程难度。活动结束后，组织学生分组讨论感受，然后写一篇《同理心日志》。学校还可以在校园广播里分享这些日志，让大家从他人的体验中学会理解他人。

（3）创设"沉浸式互助场景"，发动旁观者帮忙

校园安全剧场项目

把晓峰遭遇欺凌的真实经历改编成可以互动的情景剧，让学生自导自演。在表演中设置一些关键的时间点，如演到目睹有人被撞的场景时，让台下的观众投票决定剧情接下来怎么发展。通过现场展示不同选择带来的不同后果，让学生明白遇到类似情况该怎么处理。

互助能量积分系统

为每个人开设一个"善意银行"，只要做了好事，如匿名举报欺凌线索或帮助遇到困难的同学，就能在这个"银行"里积分。这些积分可以用来兑换一些特殊奖励，像优先选择参加社团的权利，或者获得和校长一起吃午饭的机会。通过这种奖励机制，鼓励大家积极参与到反欺凌的行动中。

（4）实施"创伤后群体疗愈计划"，形成完整的支持

疗愈成长伙伴制度

给晓峰找3个不同层次的支持伙伴，分别是同龄人、高年级学长和青年

教师。同龄伙伴每天要和晓峰一起散步、聊天 15 分钟；高年级学长每周教晓峰一项运动技能；青年教师每两周组织一次艺术疗愈活动，如玩沙盘游戏、一起画画，帮助晓峰从心理创伤中恢复。

校园互助纪念仪式

在反欺凌月时，设立一个"向阳花开放日"。在这一天，组织全校学生用自己的手掌印绘制一面"反欺凌承诺墙"，让大家都做出反对欺凌的承诺。晓峰可以亲手给那些帮助过自己的同学贴上"金色花"徽章。通过这种有仪式感的活动，让大家更有集体认同感，也让帮助过晓峰的同学得到肯定。

（5）长效保障机制

互助效果可视化评估

建立一个三维评价体系评估这个互助方案的效果。第一个维度是看同伴之间互相支持的频率，这可以通过智能手环记录学生之间的互动数据来统计；第二个维度是调查学生的安全感指数，每月通过匿名问卷调查的方式了解学生在学校的安全感；第三个维度是计算互助事件转化率，也就是对比欺凌报告数量和互助行为数量的变化，看这个方案有没有让更多人愿意帮助被欺凌的同学。

家长互助共同体建设

成立一个跨年级的家长观察团，让家长定期来学校巡查。同时，还要组织"家庭互助日"活动，让不同年级学生的家庭一起完成一些公益任务。通过这些活动，将家长也纳入反欺凌的工作中。

这套方案的目的是通过学生之间的互相帮助，建立起一个支持网络，预防和解决校园欺凌问题。这些群体互助策略，把以前学校单方面处理欺凌问题，变成全校师生一起参与的全面支持体系；不仅给晓峰提供了多方面的保护，也通过各种机制，让那些可能会欺负他人的学生在和大家的互动中改变自己的行为，最终形成一种"只要有同学遇到困难，大家都会一起帮忙"的校园氛围。我们应重视对欺凌者的引导，不是简单地惩罚他们，而是给他们安排一些正面的角色，如当守护者、导师，利用大家的力量帮助他们改正错误，避免因为简单的惩戒让他们产生逆反心理。

三、文化重建

（一）校园文化的重塑

1. 举办反欺凌活动增强教育实效

遵循《中小学心理健康教育指导纲要》的指导原则，学校需精心策划并执行一系列具有深远教育意义的反欺凌主题活动[①]。这些活动旨在通过生动、直观且富有教育性的形式，深刻揭示欺凌行为的危害，并在校园内营造一种对欺凌行为零容忍的氛围。例如，学校可以举办"反欺凌主题月"活动，通过悬挂横幅、张贴海报、播放宣传片等方式，营造浓厚的反欺凌氛围。同时，可以组织反欺凌知识竞赛，设计涵盖欺凌定义、危害、应对策略等方面的题目，让学生在竞赛中学习和掌握相关知识。此外，还可以开展反欺凌情景剧表演，让学生扮演不同角色，模拟欺凌场景，通过表演和互动，深刻体验欺凌行为的危害性。

从教育心理学的角度来看，这些活动能够激发学生的情感共鸣，促使他

---

① 颜河清. 未成年人权益保护视阈下农村校园霸凌法律治理研究 [J]. 学理论, 2024（6）: 68-71.

们在内心深处树立起反欺凌的坚定信念，进而转化为自觉抵制欺凌行为的实际行动。例如，某中学在举办反欺凌情景剧表演后，学生们纷纷表示对欺凌行为有了更深刻的认识，并承诺将积极参与反欺凌行动，共同维护校园的和谐与安全。

2. 树立正面榜样引领校园风气

依据社会学习理论，学校应高度重视正面榜样在塑造学生行为方面的积极作用。通过大力表彰在反欺凌方面表现突出的学生或教师，树立一批具有示范意义的正面典型，从而激发全校师生的模仿和学习热情。例如，学校可以设立"反欺凌之星"评选活动，每月评选出在反欺凌方面表现突出的学生或教师，并在全校范围内进行表彰和宣传。这些正面榜样不仅为学生提供了明确的行为导向，更通过他们的实际行动，生动展示了如何有效应对和预防欺凌行为。同时，学校还可以邀请这些正面榜样分享经验和心得，让更多的学生受到启发和鼓舞。此外，学校还可以将反欺凌纳入师德师风建设的重要内容，鼓励教师以身作则，积极参与反欺凌行动[1]。通过教师的示范引领作用，进一步激发学生的反欺凌热情，共同营造和谐、安全的校园环境。

3. 加强法制教育提升学生法律意识

结合《中华人民共和国预防未成年人犯罪法》的相关要求，学校应将法制教育纳入日常教学体系，并作为预防欺凌行为的重要手段[2]。通过开设专门的法律课程、举办法律讲座及组织模拟法庭等活动，向学生详细讲解欺凌行

---

[1] 郭玉丹. 校园霸凌的社会因素分析与防治策略 [J]. 教书育人（校长参考），2024（29）：25-27.

[2] 王晓波. 青少年法治教育与校园霸凌防治：法律知识的普及与法治精神的培育 [J]. 教书育人（校长参考），2024（29）：19-21.

为的法律责任和严重后果，帮助学生建立法律认知框架。学校可以邀请法律专家或律师来校举办讲座，为学生讲解欺凌行为的法律责任和危害。同时，可以组织模拟法庭活动，让学生扮演法官、律师等角色，模拟审理欺凌案件，通过亲身体验和互动，深刻认识到欺凌行为的不可接受性和危害性[①]。这一举措符合教育学中法治教育的核心理念，对于提升学生的法律素养具有重要意义。

4. 构建多元评价体系促进学生全面发展

为减少因学业压力导致的欺凌行为，学校应积极探索并实施多元化的评价体系。该体系应涵盖学生的学业成绩、综合素质、创新能力及道德品质等多个方面，以全面、客观地评价学生的成长和发展[②]。例如，学校可以设立综合素质评价制度，将学生的学业成绩、创新能力、道德品质等方面纳入评价体系。通过定期评价和反馈，让学生更加全面地了解自己的优势和不足，从而激发他们的学习热情和创造力。学校还可以设立"创新之星""道德模范"等评选活动，表彰在创新能力和道德品质方面表现突出的学生，全面激发学生的积极性与自信心。这一做法符合多元智能理论，有助于促进学生的全面发展，降低欺凌行为发生的概率[③]。

① 徐鑫文. 校园霸凌：青少年心理健康的隐形杀手［J］ 教书育人，2024（29）：22-24.

② 刘倍池，岳凤梅.《不存在的女孩》中的校园霸凌与创伤复原［J］ 长江小说鉴赏，2024（28）：52-58.

③ 刘洋. 法治规制视角下校园霸凌危害、原因和应对路径［J］ 新西部，2024（8）：191-193.

（二）班级文化的营造

1. 建立班级公约以明确行为准则

在班级管理中，制定并执行明确的反欺凌规定是预防欺凌行为的关键措施之一[①]。这些规定应作为班级公约的重要组成部分，明确禁止任何形式的欺凌行为，并鼓励学生相互尊重、友好相处。例如，某初中班级在制定班级公约时，明确规定了"禁止任何形式的欺凌行为""相互尊重、友好相处"等条款，并要求学生共同遵守。同时，班委中设立"反欺凌小组"，一旦发现欺凌行为，要及时干预并向班主任报告。通过班级公约的制定和执行，该班级成功营造了安全、和谐的班级环境，有效预防了欺凌行为的发生。

此外，班级公约的制定过程也应充分尊重学生的意见和建议，以增强其认同感和执行力[②]。例如，在制定班级公约时，班主任可以组织学生进行讨论和协商，共同确定反欺凌规定的内容和形式。这样不仅可以提高学生的参与度，还可以增强他们对公约的认同感和执行力。

2. 开展团建活动增强班级凝聚力

基于社会认同理论和团体动力学原理，学校应积极开展丰富多彩的团队建设活动，以增强班级凝聚力和减少欺凌行为的发生[③]。学校可以组织班级联欢会、团队拓展等活动，让学生在轻松愉快的氛围中增进对彼此的了解和信任。同时，可以鼓励学生参与志愿服务等社会实践活动，培养他们的团队精

① 田丽娟. 公共管理视角下中学校园霸凌问题研究［J］. 国际公关，2024（15）：170-172.

② 董建华. 从群体心理学角度分析青少年校园霸凌现象及其治理［J］. 中小学心理健康教育，2024（22）：12-16.

③ 尹丽美. 家长如何预防孩子遭遇校园霸凌［J］. 中小学心理健康教育，2024（20）：76-77.

神和合作意识。通过共同参与这些活动，学生能够更加珍惜彼此之间的友谊和团结，从而有效预防欺凌行为的发生。

3. 培养班干部的责任感与领导力

班干部在班级管理中扮演着举足轻重的角色，应成为反欺凌的先锋和榜样。学校应加强对班干部的培训和教育，使他们具备高度的责任感和正义感，能够及时发现并报告欺凌行为，协助教师进行处理[①]。学校可以定期组织班干部培训活动，向他们传授反欺凌的知识和技能，提高他们的责任感和领导力。此外，班干部还应具备同理心和沟通技巧，能够深入了解同学的需求和困惑，为他们提供必要的帮助和支持。例如，某初中班级的班干部在发现同学遭受欺凌时，能够主动上前制止并安慰被欺凌者，同时及时向班主任报告情况。这种及时有效的干预不仅保护了被欺凌者，还有效遏制了欺凌行为的蔓延。

4. 定期召开班会以加强沟通与教育

班会是班级管理和沟通的重要平台，也是预防欺凌行为的有效途径。通过定期召开班会，班主任可以及时了解班级内的欺凌问题及其他潜在的安全隐患，听取学生的意见和建议，共同制定解决方案[②]。班会还可以作为宣传反欺凌知识、弘扬正能量的重要阵地。通过分享成功案例、表彰先进典型及开展讨论等方式，激发学生的反欺凌热情，增强班级凝聚力。

此外，班会还可以成为学生进行自我反思和成长的重要时刻。班主任可以鼓励学生们在班会上分享自己的成长经历和感悟，同时引导他们思考如何

---

① 白蕾薇. 积极心理学的力量：校园霸凌问题及解决途径［J］. 知识文库，2024，40（10）：159-162.

② 徐胤. 校园霸凌的原因分析和防治建议［J］. 平安校园，2024（5）：12-15.

更好地应对欺凌行为。通过自我反思和成长，学生能够更加成熟地面对校园生活中的各种问题，从而有效预防欺凌行为的发生。

（三）家庭文化的引导

1. 家长教育的深化

学校应充分利用家长会、家校联系手册、在线教育平台等多元化沟通渠道，系统性地向家长传授现代教育理念和方法[①]。教育内容需涵盖儿童心理学基础、青少年成长特点、反欺凌知识及策略等关键领域。具体而言，可引入儿童发展心理学中的相关理论，帮助家长理解孩子在不同成长阶段的心理特征和行为表现，如皮亚杰的认知发展理论，使家长认识到孩子在不同年龄段对世界的认知差异。同时，结合教育心理学的研究成果，如班杜拉的社会学习理论，强调家庭环境对孩子行为模式形成的决定性影响，并教授家长如何在家庭内部培养孩子的反欺凌意识和自我保护能力。这不仅有助于家长形成科学的教育观念，还能有效减少家庭内部的欺凌现象，为孩子在学校中的行为提供积极导向。

2. 亲子活动的情感联结

学校应积极鼓励并组织多样化的亲子活动，如亲子运动会、共读时光、手工艺工作坊等，以增进家长与孩子之间的情感联系[②]。这些活动通过共同体验，培养孩子的同理心和责任感，让他们学会尊重和理解他人。例如，在共读时光活动中，家长与孩子共同阅读反欺凌主题的书籍，不仅加深了亲子关

---

① 柳青. 识别校园霸凌减少悲剧发生［J］. 平安校园，2024（5）：16-17.

② 马鸣. 校园霸凌犯罪心理的形成机制和预防［J］. 平安校园，2024（5）：8-11.

系，还让孩子在故事中学会了如何面对和处理欺凌问题。在这一过程中，家长可以通过情感引导，帮助孩子理解他人的情感和感受，从而培养孩子的同理心。同时，亲子活动也是家长观察孩子性格特点和行为习惯的重要窗口，便于家长根据孩子的具体情况，采取有针对性的反欺凌教育措施。

3. 家庭规则的明确与执行

家庭应制定一套包含反欺凌内容的家庭规则，如禁止任何形式的言语侮辱、肢体冲突等，以培养孩子的规则意识和自律能力。规则的制定需遵循公平、公正原则，确保家庭成员间的平等相待和相互尊重。在这一过程中，可以借鉴科尔伯格的道德认知发展理论，强调规则制定和执行过程中的道德判断和推理能力培养。家长作为规则的制定者和执行者，应以身作则，严格遵守家庭规则，为孩子树立正面榜样[①]。例如，某家庭明确规定，任何形式的欺凌行为都将受到严厉的惩罚，并通过言传身教传递尊重与包容的价值观。这种明确的规则意识和执行力度，不仅减少了家庭内部的欺凌现象，也为孩子在学校和社会中的行为提供了有力指导。

4. 家长榜样作用的强化

家长应不断提升自身修养，展现尊重、包容、友爱的行为模式，为孩子营造一个充满正能量的成长环境。在这一过程中，可以借鉴社会学习理论中的榜样作用，强调家长的行为对孩子行为的影响。例如，家长可以积极参与社区志愿服务活动，以身作则地传递关爱他人、助人为乐的精神。同时，家长应密切关注孩子的情绪和行为，一旦发现欺凌行为或倾向，应立即进行干

---

① 金明春. 走出校园霸凌的阴霾［J］. 新教育，2024（15）：11.

预和纠正。此外，家长还应积极与学校沟通合作，共同构建家校共育的反欺凌防线。通过家校合作，双方可以共同制定反欺凌策略，为孩子提供全方位的支持和帮助。

（四）社区文化的深度融合

1. 校社合作机制的构建

学校与社区之间应建立起一种长期、稳定且富有成效的合作关系[①]。双方应携手策划并执行一系列旨在提升社区成员反欺凌意识的宣传活动，如反欺凌讲座、工作坊、展览等。这些活动旨在通过多元化的形式，增强社区居民和学生对于反欺凌重要性的认识。这种合作模式不仅能够有效整合学校与社区的资源，形成强大的反欺凌合力，还能够深刻体现社区教育理念的核心价值，促进社区成员的共同成长与进步。

在实际操作中，学校与社区可以共同策划并执行以"拒绝欺凌，共建和谐校园"为主题的展览活动。通过精心设计的展览内容，吸引社区居民和学生的广泛参与，从而有效提升公众对于反欺凌问题的关注度和认识水平。

2. 志愿服务活动的推广

基于社会学习理论，学校应积极鼓励学生参与社区志愿服务活动[②]。通过参与这些活动，学生不仅能够增强自身的社会责任感，还能在实践中培养同理心和关爱他人的品质。具体而言，学生可以参与关爱老人、环保清洁、公益宣传等志愿服务项目，通过实际行动来培养自己的同情心和友善品质。

---

① 田川，晓骁. 抵制校园霸凌，班主任要表态［J］. 家长，2024（13）：4.

② 吴帆. 防治校园霸凌的社会工作实践路径［J］. 中国社会工作，2024（12）：1.

为了激励学生积极参与志愿服务活动，学校应建立完善的志愿服务记录和激励机制。通过记录学生的志愿服务时长和表现，并给予相应的表彰和奖励，来激发学生的参与热情和积极性。同时，学校还可以组织志愿服务分享会等活动，让学生分享自己的志愿服务经历和感受，从而进一步加深学生对志愿服务意义的理解。

3. 专业资源的引入与高效整合

学校应充分利用社区资源，邀请心理咨询师、法律顾问、社会工作者等专业人士进校开展讲座、咨询和辅导活动[①]。这些专业人士能够为学生提供专业的心理支持和法律指导，帮助他们更好地应对欺凌问题。

在引入专业资源的过程中，学校应注重与社区的合作与协调。双方可以共同策划并执行相关活动，确保活动的专业性和针对性。例如，心理咨询师为学生提供心理辅导和教授情绪管理技巧；法律顾问为学生提供法律咨询和援助服务。同时，学校还可以与社区合作建立心理咨询和法律援助中心，为学生提供便捷、专业的服务。

4. 校社联动机制的建立

为确保欺凌事件得到及时、有效的处理，学校与社区应建立紧密的联动机制。双方应明确各自的职责分工，并建立信息共享和快速响应机制。例如，学校可以设立专门的欺凌事件报告渠道，并与社区警方建立紧密的合作关系；社区则可以成立反欺凌志愿者队伍，协助学校进行欺凌事件的预防和处置工作。为了提升双方应对欺凌事件的能力和效率，学校与社区还应定期

---

① 何永利. 多方发力：预防校园霸凌青春与法同行［J］. 当代贵州，2023（48）：42.

开展联合演练和培训活动。通过模拟欺凌事件的处置过程，双方可以熟悉彼此的工作流程和协作方式，从而在实际应对中更加迅速、有效地处置欺凌事件并保障被欺凌者的安全。

综上所述，通过构建校社合作机制、推广志愿服务活动、引入与高效整合专业资源、建立校社联动机制等措施，学校可以充分利用社区资源实现社区文化的深度融合与利用。这不仅有助于营造一个更加安全、和谐的校园环境，还能够促进学生的全面发展和社会化进程。

（五）网络文化的净化与引导

1. 强化网络素养教育

在数字化时代背景下，网络素养已成为青少年不可或缺的核心素养之一。学校应将网络素养教育正式纳入课程体系，通过开设专门课程、举办专题讲座和研讨会等形式，系统地向学生传授网络知识与技能。教育内容需全面覆盖网络安全意识、网络道德规范、网络欺凌的识别与应对策略等基础领域，旨在培养学生的数字公民意识，提升其自我保护能力。

教育心理学研究表明，青少年在面对网络诱惑时往往缺乏足够的自控力，容易陷入沉迷和过度依赖的困境[①]。因此，教师应通过心理辅导、案例分析等方式，引导学生正确看待网络世界，树立正确的网络使用观念，学会合理安排时间，避免过度沉迷于虚拟世界。同时，加强心理健康教育，增强学生的心理韧性，帮助他们更好地应对网络欺凌等负面事件带来的心理冲击，培养其积极应对挑战的能力。

---

① 唐子艳，王文娜. 论校园欺凌的刑法规制［J］. 武汉理工大学学报（社会科学版），2023，36（5）：90-97.

2. 完善网络举报机制

为了有效遏制网络欺凌行为，学校必须完善网络举报机制。这包括明确举报渠道和流程，确保学生能够便捷、安全地举报网络欺凌事件。同时，学校应组建专业的举报信息处理团队，对每一起举报进行及时、有效的核实和处理，确保处理过程合法合规，充分保护举报人的隐私和安全，避免二次伤害的发生。

通过完善举报机制，学校不仅能够及时发现并制止网络欺凌行为，还能向学生传递出对网络欺凌零容忍的鲜明态度，从而增强学生的安全感和归属感。此外，学校还应定期对举报机制进行评估和优化，确保其能够适应网络环境的不断变化，持续发挥有效作用，为青少年提供一个更加安全的网络环境。

3. 加大网络监管力度

网络欺凌行为的治理需要学校与相关部门的密切合作①。学校应主动与公安、网信等部门建立信息共享和协作机制，共同打击网络欺凌行为。通过加强监管力度，学校能够有效维护校园网络环境的健康和秩序，为学生提供一个安全、健康的网络空间。

在加强监管的同时，学校还应注重对学生的网络行为规范教育。通过开设网络安全教育课程、举办网络安全知识讲座等形式，引导学生文明上网、健康上网。同时，学校应建立健全网络行为规范体系，明确网络行为的标准和要求，对违规行为进行及时纠正和处罚，以儆效尤。此外，学校还应加强与家长的沟通与合作，共同关注青少年的网络使用情况，形成家校共育的良

---

① 张成尧. 思政课一体化是解决校园霸凌的良方［J］. 山西教育（管理），2023（11）：13.

好氛围。

4. 开展网络文明宣传活动

为了营造和谐、健康的网络氛围，学校应定期开展网络文明宣传活动。这些活动可以包括主题班会、网络知识竞赛、海报设计比赛等多种形式，旨在引导学生树立正确的网络道德观念和行为习惯[①]。通过这些活动，学校可以培养学生的网络自律意识和责任感，让他们学会文明表达、理性交流，共同维护网络空间的清朗。同时，学校还应充分利用校园媒体和网络平台，广泛宣传网络文明的重要性。通过发布网络文明倡议书、展示网络文明成果等形式，形成全社会共同关注和支持网络文明建设的良好氛围。此外，学校还可以邀请网络名人、专家学者等参与网络文明宣传活动，通过他们的示范引领作用，进一步提升学生的网络文明素养，共同营造一个积极向上、健康有序的网络环境。

四、群防群治

（一）学生群体的积极参与

1. 成立反欺凌学生组织

依据班杜拉的社会学习理论，学生倾向于模仿并内化周围环境中的积极行为模式。因此，成立反欺凌学生组织，如"校园和平使者团"，是预防欺

---

① 面对校园霸凌，究竟该怎么办［J］. 山西教育（管理），2023（11）：9.

凌行为、营造积极校园氛围的有效途径[①]。这些组织通过策划和实施一系列反欺凌活动，如反欺凌宣传周、欺凌行为监督小组、角色扮演、情景模拟和反欺凌海报设计等，为学生提供正面的行为示范，强化同伴间的正向影响力。这些活动不仅提升了学生的自我保护意识和团队协作能力，还使他们深刻认识到欺凌行为的危害，学会在遭遇欺凌时寻求帮助。同时，反欺凌学生组织还承担着传播校园反欺凌文化的重任，通过校园广播、校刊、社交媒体等多种渠道，进一步扩大反欺凌教育的覆盖面和影响力，形成全校共同抵制欺凌的良好氛围。

2. 实施同伴心理支持计划

基于心理学中的共情理论，同伴间的相互理解与支持在减轻被欺凌者心理创伤方面具有不可替代的作用[②]。学校应选拔并培训具备共情能力的学生辅导员，为他们提供专业的心理疏导技巧培训，如倾听、共情、鼓励等，以便针对潜在受害者开展个性化的心理疏导服务。这些辅导员通过定期的辅导与关怀，帮助学生建立有效的应对策略，减轻心理负担，增强他们的心理韧性。此外，学生辅导员还可以作为校园反欺凌文化的传播者，通过分享自己的经历与感悟，激发更多学生参与到反欺凌行动中来。学校应鼓励并支持学生辅导员之间的交流与合作，共同提升心理支持计划的效果与影响力，形成同伴间相互支持、共同成长的良好氛围。

3. 构建多渠道信息反馈机制

赋予学生参与校园管理的权利是提升学生责任感与归属感的重要途径。

---

① 赵子涛. 校园霸凌不是"法外张三"[J]. 山西教育（管理），2023（11）：9.

② 王杨. 处理校园霸凌事件应加大问责力度[J]. 山西教育（管理），2023（11）：10.

学校应构建包括匿名举报箱、在线反馈平台、心理咨询室等在内的多渠道信息反馈机制，鼓励学生及时报告欺凌事件。为确保反馈机制的有效性，学校应设立专门的反欺凌办公室，负责接收、审核并快速响应学生的反馈。同时，学校应定期对反馈数据进行分析，以数据驱动的方式持续优化反欺凌措施，确保各项措施能够精准打击欺凌行为。此外，学校还应建立反欺凌信息公示制度，定期公布欺凌事件的处理结果与防范措施，增强学生的信任感与参与感，形成全校共同监督、共同防治欺凌的良好局面。

4. 定期召开学生代表大会

定期召开学生代表大会是倾听学生声音、了解学生需求的重要途径。学校应充分尊重学生的意见与建议，认真听取并采纳关于反欺凌机制的合理建议①。通过学生代表大会，学生可以就反欺凌政策的制定与实施提出自己的见解与主张，为政策的完善提供有益参考。同时，学校还可以通过学生代表大会宣传反欺凌理念与成果，激发学生的参与热情与创造力，共同推动校园欺凌防治工作的深入开展。此外，学校还可以通过学生代表大会加强与学生之间的沟通与交流，增进彼此之间的理解和信任，为构建无欺凌校园环境奠定坚实的基础。

（二）教师群体的协同合作

1. 组建教师反欺凌专项小组

一个高效、协同的团队能够充分发挥各成员的专业优势，形成优势互补，共同应对复杂问题。在校园反欺凌工作中，组建由班主任、心理辅导教

---

① 张雷. 关于校园霸凌的法律思考［J］. 山西教育（管理），2023（11）：10.

师、法治副校长等多学科教师组成的反欺凌专项小组，正是这一理论的实践应用[①]。

班主任作为班级的直接管理者，对学生的学习、生活情况有着最直观的了解，因此应负责班级日常管理与欺凌行为的初步识别与干预。他们需时刻保持警惕，及时发现并制止欺凌行为，同时为学生提供必要的心理支持和引导。

心理辅导教师则具备专业的心理学知识和咨询技巧，能够为受到欺凌的学生提供专业的心理疏导与咨询服务。他们可以通过个体咨询、团体辅导等方式，帮助学生缓解心理压力，重建自信，学会有效的应对策略。

法治副校长则负责提供法律咨询与法制教育服务。他们可以利用自身的法律专业知识，为师生普及法律知识，提高师生的法律意识和自我保护能力。同时，他们还可以为学校制定反欺凌政策提供法律支持，确保学校在处理欺凌事件时能够依法依规。

为确保反欺凌专项小组的高效运作，小组成员应明确职责分工，建立定期沟通机制。通过定期的会议、研讨等活动，分享工作经验，探讨遇到的问题，共同制定解决方案。此外，学校还应为小组成员提供专业的培训和指导，不断提升他们的反欺凌能力和专业素养。同时，建立反欺凌工作考核机制，对专项小组的工作成效进行定期评估与反馈，以激励教师积极参与反欺凌实践。

2. 强化教师培训与职业发展

教师的成长和发展是一个持续不断的过程，需要不断地学习和实践。将

---

① 张志东，周红. 向校园霸凌说"不"[J] 山西教育（管理），2023（11）：12.

反欺凌教育纳入教师培训体系是提升教师反欺凌能力的有效途径[①]。学校应通过线上课程、工作坊、案例研讨等多种形式，为教师提供全面的反欺凌教育培训。培训内容应包括欺凌行为的识别与评估、预防与干预策略、法律法规与伦理规范等。通过系统的培训，使教师能够全面了解欺凌行为的本质、危害及应对策略，提高他们的反欺凌意识和能力。同时，将反欺凌工作成效纳入教师绩效考核体系，可以激励教师更加积极地参与反欺凌实践。学校可以制定具体的考核标准和指标，对教师在反欺凌工作中的表现进行客观评价，并给予相应的奖励和表彰。这不仅可以激发教师的工作热情，还可以促使他们在反欺凌工作中不断创新和发展。此外，学校还应鼓励教师开展反欺凌教育研究与实践探索。通过课题研究、论文发表等方式，总结和推广反欺凌教育的成功经验和做法，为校园欺凌防治工作提供理论支撑与实践指导。

3. 建立教师信息共享与协同机制

信息的有效传递和共享是组织协同作战的基础。在校园反欺凌工作中，建立教师信息共享平台是提升教育决策科学性与针对性的重要保障[②]。学校应建立教师信息共享平台，及时交流学生的行为变化、情绪波动等异常情况。通过这一平台，教师可以随时了解学生的学习、生活状况，及时发现并报告潜在的欺凌行为。同时，平台还可以提供相关的教育资源和案例分享，帮助教师更好地应对欺凌问题。同时，这一机制还可以促进教师之间的交流和合作，形成协同作战的合力。在面对欺凌问题时，教师们可以共同商讨解决方案，共同应对挑战，确保学生的安全和健康成长。

---

① 罗琼华. 防治校园霸凌需要更全面的法治教育［J］. 山西教育（管理），2023（11）：13.

② 姜泽. 校园霸凌的成因与对策［J］. 山西教育（管理），2023（11）：14.

4. 深化家校合作共筑反欺凌防线

家校共育理念认为，家庭和学校是学生成长的两个重要环境，二者应携手合作，共同促进学生的全面发展。在预防校园欺凌行为方面，深化家校合作同样具有重要的作用。学校应主动与家长建立紧密的合作关系，通过家长会、家访、家校联系手册等多种形式，向家长传达学校的反欺凌政策与教育理念[1]。同时，了解家庭中家长的教育方式、学生表现与需求，从而更好地制定个性化的教育方案。鼓励家长积极参与学校反欺凌教育活动与实践探索是深化家校合作的重要举措。家长可以通过参加学校的反欺凌讲座、工作坊等活动，了解欺凌行为的危害和应对策略。同时，还可以与学校共同制定个性化的教育方案与干预措施，为学生的健康成长提供支持。此外，要建立家校沟通机制，定期召开家校联席会议或工作坊，共同探讨学生的成长问题。通过这一机制，家长可以更加深入地了解学校的教育工作和学生的成长状况，同时也可以为学校提供宝贵的意见和建议。这不仅可以促进家校之间的互信和合作，还可以为学生的全面发展提供更加有力的支持。

（三）家长群体的支持

1. 成立家长委员会

家长委员会作为家校之间的桥梁与纽带，其成立是深化家校合作、推动教育社区化的关键举措。家长委员会能够代表家长群体，深度介入学校管理，为家校合作提供正式平台[2]。这一平台的建立，不仅提升了家长对学校

---

① 宋允国. 杜绝校园霸凌事件需形成合力［J］. 山西教育（管理），2023（11）：17.

② 秦超. 防治校园霸凌的三大举措［J］. 山西教育（管理），2023（11）：17.

的认同感，还为家校双方在教育理念、管理措施等方面的沟通与协调提供了便利。在反欺凌工作中，家长委员会的作用尤为突出。成员们凭借对教育的深刻理解和对社区的敏锐洞察，能够协助学校规划并执行反欺凌政策。他们参与设计反欺凌教育课程，确保课程内容既符合教育规律，又能精准应对欺凌现象。同时，家长委员会成员还监督相关措施的执行，提供宝贵的建议，确保这些措施与学校整体教育理念相协调。此外，家长委员会还是家校之间信息传递的纽带。他们能够有效传递家长的关切和意见，促进家校在学生福祉问题上的深度对话与合作。通过家长委员会的桥梁作用，家校双方能够共同为构建无欺凌的和谐校园环境贡献力量，为学生的全面发展奠定坚实的基础。

2. 开展家长教育讲座

基于终身教育理念，定期举办家长教育讲座是提升家长家庭教育素养、强化家庭教育功能的重要途径。讲座内容应全面覆盖反欺凌法律法规、科学的家庭教育方法、儿童和青少年心理发展特点及心理辅导技巧等。通过邀请教育专家、心理学家、法律学者等专业人士进行讲解与交流，家长能够深入了解孩子的心理需求，学会识别欺凌行为的早期迹象，并掌握有效的干预策略。这种教育资源的投入，不仅有助于提升家长的教育水平，还能促进家校协同育人生态系统的构建。从心理学角度看，家长教育讲座有助于增强家长的心理健康意识，提高其应对孩子心理问题的能力。家长能够学会如何与孩子进行有效沟通，如何关注孩子的情绪变化，以及如何提供必要的心理支持。从法律角度看，讲座有助于家长深入了解有关欺凌的法律法规，增强其法律意识，为孩子提供更有力的法律保护。这种综合性的教育形式，有助于构建更加和谐、健康、安全的家校环境，促进家校沟通与协作，共同为学生的健康成长保驾护航。

3. 建立家校沟通机制

构建高效、透明的家校沟通机制是保障学生心理健康、预防欺凌行为的重要基础。学校应定期向家长通报学生在校的综合表现，包括学业成绩、行为规范、情绪状态等，以便家长全面了解孩子的成长状况[①]。同时，学校应开放多种沟通渠道，如家长会、家校联系册、在线平台等，鼓励家长分享孩子在家的情况，特别是可能的欺凌事件或心理困扰迹象。这种双向沟通机制有助于学校及时调整教育策略，为学生提供个性化的支持。家校沟通机制的建立，不仅增强了家长对孩子教育的参与感和责任感，还促进了家校之间的信任与合作。从教育学角度看，这一机制的建立有助于形成教育合力，促进学生的健康成长。从心理学角度看，有助于及时发现并解决学生的心理问题，有效预防欺凌行为的发生。此外，家校沟通机制还能够促进家校双方在教育理念、管理措施等方面的沟通与协调，共同为学生的全面发展创造有利条件。

4. 鼓励家长参与学校活动

依据家校合作理论，家长的积极参与是构建和谐教育环境、促进学生健康成长的关键因素。学校应积极创造机会，邀请家长参与各类校园活动，如文化节、运动会、职业规划讲座等[②]。这些活动不仅有助于加深家长对学校教育理念的理解与认同，还能增强家长与学校之间的情感联系。通过参与活动，家长能够更直观地了解学校的教育环境、师资力量及学生的学习生活状态，从而更加信任和支持学校的教育工作。同时，鼓励家长在志愿服务、反

---

① 郭锁军. 把校园霸凌现象扼杀在萌芽状态［J］. 山西教育（管理），2023（11）：18.

② 布鲁金斯. 帮助孩子抵御校园霸凌［J］. 家长，2023（31）：27.

欺凌宣传等方面贡献力量，可以进一步促进家校间的信任与合作。家长的角色从旁观者转变为积极参与学校教育的伙伴，共同为学生的健康成长贡献力量。家长的积极参与还能够营造积极向上的校园文化氛围，增强学生的归属感和安全感。在这种氛围下，学生更加愿意与他人交流、合作，共同面对学习和生活中的挑战。同时，家长的榜样作用也能够激励学生更加努力学习、积极向上，为构建无欺凌的校园环境贡献力量。

（四）社会各界的广泛参与

1. 加强与社会组织的深度合作

个体在面对挑战时从社会网络中获得的支持至关重要，学校与社会组织的紧密合作成为拓宽反欺凌工作视野、提升其专业性的关键路径。具体而言，学校应与专注于青少年保护的公益组织、专业的心理咨询机构等建立长期且深入的合作关系[①]。这种合作不仅限于资金或资源的共享，更在于共同策划并执行一系列具有针对性的反欺凌主题活动。例如，定期举办反欺凌研讨会，邀请专家学者、一线教育工作者共同探讨欺凌问题的根源与解决方案；开展工作坊，为教师、家长及学生提供实用的反欺凌技能培训；组织模拟法庭，让学生亲身体验法律程序，深刻理解欺凌行为的严重后果。这些活动旨在全面提高公众对校园欺凌问题的认识与关注度，促进社会各界深刻理解和有效应对欺凌问题。此外，学校应积极引入社会组织中的专业力量，进行反欺凌培训、心理咨询及危机干预，从而显著提升学校反欺凌工作的专业水平和实际效果。这种全方位、多层次的合作模式，有助于构建一个全社会共同

---

① 郭姬乃威. 盘点部分国家和地区对校园霸凌的防治措施［J］. 山西教育（管理），2023（10）：50-51.

关注、积极参与的反欺凌局面。

2. 利用媒体资源扩大影响力

媒体作为信息传播的重要渠道，在推广反欺凌理念、提升公众关注度方面具有无可比拟的优势。学校应主动与主流媒体及新媒体平台建立战略合作关系，充分利用其广泛的受众基础和强大的传播能力。双方可以共同策划并制作一系列高质量的反欺凌公益广告、纪录片和微电影等作品。这些作品应以生动直观、易于理解的方式展现欺凌行为的危害性，同时倡导积极正向的校园文化氛围，引导学生树立正确的价值观和行为准则。此外，学校还可以利用社交媒体平台开展互动宣传活动，如发起话题讨论、分享反欺凌成功案例、鼓励公众参与经验分享等。这种线上和线下相结合、全民广泛参与的反欺凌宣传方式，有助于在短时间内形成强大的社会舆论氛围，推动校园欺凌问题的有效解决。

3. 积极开展公益活动

组织学生参与公益活动是培养其公民意识、增强社会责任感的有效途径[①]。学校应将公益活动纳入日常教学计划，定期组织学生参与社区服务、环保项目、关爱弱势群体等实践活动。通过这些活动，学生能够在实践中学会尊重他人、理解他人，培养同理心与团队协作精神。这种经历不仅能够提升学生的道德品质和人际交往能力，还有助于减少欺凌行为的发生。因为参与者在实践中深刻体会到和谐人际关系的重要性，学会以积极、理性的方式解决问题。此外，公益活动还能够提升学生的社会实践能力，促进其全面发

---

① 杨生平. 沉默并非是金——对校园言语霸凌说"不"[J]. 中小学班主任，2023（17）：18-19.

展。因此，学校应积极拓展公益活动的种类和形式，确保每名学生都能从中受益，为学生的健康成长提供有力支持。

4. 建立开放多元的社会监督机制

构建开放、多元的社会监督机制是确保反欺凌工作有效实施的重要保障。学校应邀请家长代表、社会组织成员、社区工作人员等社会各界人士参与反欺凌工作的评估与监督[①]。这些人士可以从不同角度、不同层面提出宝贵的意见和建议，有助于学校及时发现并纠正工作中的不足，确保政策的公正性、措施的有效性。同时，学校应通过定期发布反欺凌工作报告、举办公开论坛等形式增加工作透明度，主动接受社会监督。这种社会监督机制的建立，不仅有助于提升反欺凌工作的质量和效率，还能够推动相关法律法规的完善。从法律角度来看，社会监督机制能够确保学校在反欺凌工作中严格遵守法律法规，为学生的健康成长营造一个安全、健康的教育环境。同时，它还能够促进社会各界对校园欺凌问题的持续关注与积极参与，共同推动校园欺凌问题的有效解决。

五、法规惩戒

（一）完善法律法规

1. 制定专门的反欺凌法规

鉴于校园欺凌行为对青少年身心健康造成的深远影响，以及其行为模式

---

① 卢毅. 校园霸凌的情感仪式及法治应对逻辑［J］. 青少年学刊，2023（4）：56-64.

的复杂性和多样性，国家亟须出台一部全面而细致的反欺凌法规。该法规应成为校园欺凌治理的法律基石，旨在全面规范校园内学生的行为秩序，保护学生的合法权益。具体而言，该法规应明确界定欺凌行为的范畴。欺凌行为不仅限于传统的肢体攻击和言语侮辱，还应包括网络霸凌、社交排斥、恶意传播谣言等多种形式。这些行为均会对受害者的身心造成严重伤害，甚至影响其未来的发展。因此，法规应对这些行为进行全面界定，并设定相应的法律责任和处罚措施。

从教育学视角来看，此法规的出台具有深远意义。它不仅能强化学校的教育管理职责，推动学校建立健全的欺凌预防、干预和应对机制，还能促使教育者更加重视学生的情感发展、社交技能培养及道德价值观的塑造。教育者应明确自身在校园欺凌治理中的责任和义务，积极履行教育管理职责，确保学生在校园内的人身安全。研究表明，明确的法律界定和严厉的处罚措施能够有效震慑潜在的欺凌者，降低其实施欺凌行为的心理动机。同时，这也能增强受害者的法律保护意识，使其在遭受欺凌时能够勇敢地站出来维护自己的权益。因此，法规的出台对于预防校园欺凌行为的发生具有至关重要的作用。

2. 定期修订法律法规

鉴于欺凌行为的形式和手段不断演变，反欺凌法律法规必须保持与时俱进，以适应新的社会环境和教育需求。立法机构应密切关注社会动态和校园欺凌的新趋势，及时调整法律条款，确保法律法规的时效性和适用性。在此过程中，教育学者、心理学专家，以及一线教育工作者可以提供科学依据和专业建议。他们通过对校园欺凌行为的深入研究和分析，能够揭示欺凌行为的本质和根源，为法律法规的制定和修订提供有力的理论支撑和实践指导。

同时，他们还可以根据青少年的身心特点和成长需求，提出更加符合实际的法律建议和措施，确保法律法规既能有效遏制欺凌行为，又能保护学生的合法权益。

此外，应建立法律法规的评估机制。定期对法律法规的实施效果进行评估和反馈，以便及时调整和完善。评估机制应包括对学生、家长、教师和社会各界的意见征集和分析，以及对校园欺凌行为的监测和统计。通过评估机制的建立和实施，可以及时发现法律法规存在的问题和不足，为法律法规的修订和完善提供科学的依据和参考。

（二）确保法律法规的有效实施

1.建立专门的执法机构

为确保法律法规得到有效实施，应建立专门的执法机构——校园欺凌防治中心。该机构应具备专业的调查、取证和处理能力，负责处理校园内的欺凌事件。通过专业的执法手段，确保每一起欺凌事件都能得到公正、及时、有效的处理。

从教育学角度看，专门的执法机构能够强化学校的教育管理职能。通过加强对欺凌行为的预防和干预，提升学校对欺凌行为的应对能力，确保学生在校园内的安全[①]。同时，执法机构还可以与学校、家庭等各方建立紧密的合作关系，共同构建校园欺凌的立体防控体系。从心理学角度看，专业的心理辅导和行为矫正支持是校园欺凌防治中心不可或缺的一部分。通过心理辅导和行为矫正，帮助欺凌者认识到自己的错误并改正，同时提高受害者的心理

---

① 李兮何. 对于校园霸凌，父母可以为孩子做些什么［J］. 大众心理学，2022（11）：29-30.

恢复能力，促进其健康成长。这不仅可以减少欺凌行为的发生，还可以促进学生的心理健康发展。

此外，校园欺凌防治中心还应加强与相关部门的协作和配合。例如，与公安机关、司法机关等建立紧密的合作关系，共同打击校园欺凌行为；与教育部门、卫生部门等加强沟通和协调，共同为学生的健康成长提供保障。通过多方合作，形成校园欺凌防治的合力，确保法律法规得到有效实施。

2. 加强执法培训

为确保执法机构能够全面、准确地处理欺凌事件，应定期对执法人员进行系统的培训。培训内容应包括相关法律法规、调查取证技巧、心理辅导方法、案例分析等，确保执法人员能够具备全面的法律素养和执法能力[①]。在培训中，应融入教育学和心理学知识。通过教育学理论的学习，帮助执法人员更好地理解学生的身心特点和成长需求，从而采取更加有效的预防和干预措施；通过心理学知识的学习，帮助执法人员深入了解欺凌行为的根源和本质，掌握心理辅导和行为矫正的方法和技术。

同时，培训还应注重实践操作和案例分析。通过模拟执法场景和分析真实案例，让执法人员更加直观地了解欺凌事件的处理流程和注意事项，提高其应对复杂情况的能力。此外，还可以邀请经验丰富的执法人员分享经验和教训，为新员工提供宝贵的实践指导。通过培训，打造一支既懂法律又懂教育、既具备执法能力又具备心理辅导能力的专业执法队伍。这支队伍将成为校园欺凌防治的中坚力量，为法律法规的有效实施提供有力保障。此外，应建立对执法人员的考核机制。对执法人员的执法行为、处理效果等进行定期

---

① 吕笑增. 预防未成年人校园霸凌行为向有组织犯罪演变的研究［J］. 犯罪与改造研究，2022（10）：23-28.

考核和评价，确保其能够认真履行职责，严格依法办事。通过建立与实施考核机制，可以发现问题，表彰先进，提高执法质量和效率。

3. 建立执法监督机制

为确保执法的公正合法，应建立完善的执法监督机制。通过设立投诉渠道、公开执法程序、定期发布执法报告等方式，增强执法的透明度和公信力[1]。首先，应设立投诉渠道。鼓励学生、家长和社会各界对执法行为进行监督，对存在的问题进行投诉和举报。通过建立投诉渠道，可以及时发现和纠正执法中的不当行为，确保执法过程符合法律法规和社会期望。其次，应公开执法程序。将执法机构的职责、权限、处理程序等信息向社会公开，让公众了解执法机构的工作流程和法律依据。通过公开执法程序，可以增强公众对执法机构的信任和支持，提高执法的公信力和权威性。同时，应定期发布执法报告。对执法机构的工作进行总结和评估，向社会公布执法情况、处理结果和典型案例等信息。通过执法报告的发布，可以让公众更加直观地了解执法机构的工作成果和成效，进一步增强其对执法机构的信任和支持。还可以邀请教育学者、心理学专家、家长代表、学生代表及社会公众共同参与监督。通过多方参与和监督，可以形成对执法机构的全面监督和制约，确保其能够依法履行职责，保障相关人员的合法权益。

在监督机制的建立和实施过程中，应充分利用现代信息技术手段。例如，建立在线监督平台、开发移动执法 App 等，提高监督效率和覆盖面。通过信息技术手段的应用，可以让公众更加方便地参与监督，及时了解和反馈执法情况，为执法机构提供更加全面和准确的监督信息。同时，应建立执法

---

① 牛爽. 守护少年的你——初中"预防校园霸凌"主题班会［J］. 新班主任，2022（10）：39-40.

责任追究机制。对执法过程中的违法行为、不当行为等进行严肃处理，确保执法的公正性和权威性。通过责任追究机制的建立和实施，可以形成对执法人员的有效制约和监督，促使其认真履行职责，严格依法办事。

（三）强化司法保护机制

1. 构建全面且专业化的少年法庭体系

鉴于未成年人欺凌案件的独特性与复杂性，构建一套专门化的少年法庭体系显得尤为重要且迫切。此类法庭不仅须具备深厚的法学理论基础与实践经验，更需融合心理学与教育学的专业知识与视角，以确保在审理过程中既能严格遵循法律规定，又能充分考虑未成年人的心理特征与成长阶段[①]。为此，少年法庭应配备专业的心理辅导人员，他们将在审理阶段对涉案未成年人实施必要的心理疏导与干预，旨在帮助他们深刻认识自身行为的错误性，同时引导他们学会健康、积极的人际交往模式，为其未来的正向发展奠定坚实的基础。在审理实践中，少年法庭应积极探索跨学科的合作模式，如邀请教育学领域的专家、学者参与案件评估，运用教育学理论深入分析欺凌行为背后的深层次动机与成因，从而制定出既具有法律约束力，又富含教育意义的惩处与教育方案。同时，心理学专家的介入将为法庭提供科学的心理评估与行为矫正建议，助力欺凌者实现心理层面的积极转变与健康成长。

2. 进一步完善法律援助服务体系

为欺凌受害者提供全面、高效且专业的法律援助服务，是切实维护其合法权益的关键所在。为此，应着力构建一支由资深律师、法学专业学生及热

---

① 唐拾梅. 校园霸凌——不能被忽视的成长之伤［J］. 求学，2022（13）：71-72.

心社会志愿者共同组成的法律援助队伍[①]。他们将凭借专业的法律知识，为欺凌受害者提供包括法律咨询、诉讼代理在内的全方位法律服务。通过定期在校园内举办法律咨询日活动，这支队伍能够直接面对受害者，耐心解答其法律疑问，并提供个性化的法律建议与解决方案。此外，加强法学教育与社会宣传，提升公众对法律援助的认知度与接受度，同样具有至关重要的意义。应充分利用法律知识讲座、在线法律服务平台、宣传海报及视频等多种形式，广泛传播法律援助的重要性与申请流程，鼓励受害者及其家庭积极寻求并接受专业的法律帮助。通过这些努力，不仅能够为受害者提供及时有效的法律支持，还能在一定程度上增强其面对困境的信心与勇气，促进其心理康复。

（四）建立惩戒与教育相结合的机制

1. 实施分级惩戒

实施分级惩戒是维护校园秩序、保护学生合法权益的重要举措。根据欺凌行为的性质、频率及后果，我们可以采取不同层级的惩戒措施，旨在既体现法律的威严，又兼顾教育的目的。对于轻微欺凌行为，如言语侮辱、轻微肢体冲突等，我们可以通过警告、批评教育、责令道歉等方式进行即时纠正[②]。同时，辅以心理辅导帮助学生认识到错误并学会正确的人际交往方式。这些措施旨在让欺凌者认识到自己的行为对受害者造成的伤害，并引导他们学会尊重与关爱他人。对于严重欺凌行为，如长期骚扰、暴力攻击等，我们

---

① 李若瀚，魏然. 我国校园霸凌的案例透视和预防对策研究［J］. 齐鲁师范学院学报，2022，37（3）：89-97.

② 何树彬. 台湾地区中小学校园霸凌防治研究［J］. 当代青年研究，2022（1）：106-113.

应依法依规给予留校察看或开除学籍等严厉处罚。在惩戒过程中，我们必须确保程序的合法性和公正性，保护学生的合法权益和隐私权不受侵犯。同时，我们可以引入教育学者和心理学专家的意见，为惩戒措施提供科学依据，确保其与教育目的相契合。

教育学者在此过程中的作用不可或缺。他们可以为惩戒措施提供理论指导和实践经验支持，帮助我们制定更加科学、合理的惩处方案。心理学专家则可以通过专业辅导帮助被惩戒者进行心理调适，促进其健康成长。通过实施分级惩戒和教育引导相结合的策略，我们可以有效地遏制校园欺凌行为的发生和发展。

2. 加强教育引导

惩戒不是目的，而是手段。在惩戒的同时，我们必须加强对欺凌者的教育引导，帮助他们深刻反思自己的行为对受害者造成的伤害，并培养他们的同理心和责任感。学校应定期组织反欺凌主题班会、专题讲座、情景模拟等活动，将反欺凌教育融入日常教学。通过这些活动，我们可以增强学生的法律意识和道德观念，引导他们树立正确的价值观和人生观。同时，我们可以将反欺凌教育纳入学校课程体系作为必修内容，通过系统的课程设计培养学生尊重他人、公平正义的价值观[①]。在教育引导过程中，我们可以借鉴心理学的相关理论和方法，通过心理辅导、行为矫正课程、角色扮演等互动方式帮助学生认识到自己的错误并进行改正。这些措施旨在培养学生的同理心和责任感，让他们学会关心他人、尊重他人，从而构建和谐美好的校园环境。此外，我们还可以邀请社会学者、教育工作者和志愿者等共同参与反欺凌教育

---

① 陈璐. 校园霸凌之家校协同防治探讨［J］. 哈尔滨职业技术学院学报，2022（1）：144-146.

活动，形成多方协作、共同治理的良好局面。通过加强教育引导和社会支持，我们可以有效地预防和减少校园欺凌行为的发生和发展。

3. 建立跟踪帮扶机制

对受到惩戒的学生实施跟踪帮扶是确保其顺利回归校园生活、实现健康成长的关键一环。学校应建立帮扶档案记录学生的心理状态、学业表现及社交情况等信息，并定期与学生进行一对一交流，提供必要的心理支持和学业辅导。在跟踪帮扶过程中，我们可以引入教育学者、心理学专家和志愿者等多方力量形成帮扶团队，为受惩戒者提供个性化、全方位的帮助。这些帮扶团队可以根据学生的具体情况制订针对性的帮扶计划，帮助他们解决学习和生活中的困难和问题。

同时，我们可以定期组织心理辅导活动和行为矫正课程，帮助学生调整心态、改善行为。通过持续的跟踪帮扶和个性化的支持措施，我们可以关注学生的即时改变并着眼于其长远发展，促进其形成积极向上的生活态度和社会适应能力。在实施跟踪帮扶机制的过程中，我们还应注重与家长的沟通和协作。家长是孩子成长过程中的重要陪伴者和支持者。通过加强与家长的沟通和协作，我们可以更好地了解学生的家庭背景和成长环境，为制订更加科学合理的帮扶计划提供依据。同时，我们可以引导家长积极参与帮扶孩子的过程，共同关注孩子的成长和发展。

（五）全面强化责任追究机制

1. 明确并强化学校责任

学校在预防校园欺凌中扮演着至关重要的角色，是维护学生安全、促进其健康成长的首要防线。为有效遏制校园欺凌行为，学校必须从制度建设入手，构建一套科学、全面且操作性强的反欺凌工作机制①。具体而言，学校应制定详尽的反欺凌规章制度，明确界定欺凌行为的范畴，包括但不限于言语侮辱、肢体冲突、网络霸凌等，确保师生对欺凌行为有准确的认知。同时，学校应规范从欺凌行为的识别、报告、调查到处理及后续跟踪的每一步流程，确保反欺凌工作有章可循、规范有序。在制度落实方面，学校需加强日常管理和巡查，确保校园安全无死角。通过设立多样化的举报渠道，如匿名举报箱、热线电话、在线举报平台等，鼓励学生勇敢发声，及时报告欺凌行为。学校应确保这些举报渠道的安全性和保密性，让学生敢于并愿意报告欺凌事件。此外，学校应定期开展反欺凌教育活动，通过主题班会、专题讲座、情景模拟、角色扮演等形式，增强学生的自我保护意识和防范能力。这些活动应融入学校的日常教学，形成常态化的教育模式。同时，学校应积极营造积极向上的校园文化氛围，倡导尊重、包容、友善的价值观，从源头上预防欺凌行为的发生。

对于未能有效履行反欺凌职责的学校领导和教师，学校应依据相关法律法规和学校规章制度，严肃追究其责任。这包括但不限于警告、处分、调离岗位等措施，以确保反欺凌工作的严肃性和有效性。同时，学校应将反欺凌工作成效纳入绩效考核体系，作为评价学校工作的重要指标之一，以激励学校更加重视反欺凌工作，推动各项措施得到有效落实。

2. 追究并强化家长责任

家校联动、共同参与是预防校园欺凌的重要途径。家长是孩子的首任老师，在预防校园欺凌中扮演着至关重要的角色。因此，家长应明确强化责任

---

① 董振华. 青少年校园霸凌刑法应对问题研究［J］. 法制博览，2021（34）：104-106.

意识，树立正确的教育观念，加强与孩子的沟通、交流，密切关注孩子的心理变化和社交情况。通过定期与孩子进行深入的对话，了解他们的想法和感受，及时发现并制止潜在的欺凌行为。同时，家长应教育孩子树立正确的价值观和道德观，培养他们的同理心和责任感，让他们学会尊重他人、关爱他人。对于家长未尽到监护责任的欺凌事件，相关部门应依法追究其法律责任。这不仅可以起到警示作用，还可以促使家长更加重视孩子的教育和监护责任。同时，学校应联合社区、专业机构等力量，为家长提供家庭教育指导、心理辅导等支持和服务。通过举办家庭教育讲座、提供心理咨询等方式，帮助家长提高监护意识和能力，共同维护孩子的健康成长。

3. 加强并完善社会监督

政府应发挥主导作用，推动社会各界积极参与校园欺凌防治工作。通过制定相关政策、加强宣传教育、完善法律法规等方式，形成政府、学校、家庭、社会四方联动、齐抓共管的良好局面[①]。政府应鼓励社会各界通过设立举报电话、电子邮箱等方式，对学校、家长和执法机构的反欺凌工作进行监督。同时，政府应加强对这些举报信息的处理和反馈机制建设，确保每一条举报都能得到及时、有效的处理。此外，政府还应加强媒体监督和网络舆情管理，对欺凌事件进行客观、公正的报道。通过媒体的力量，提高公众对校园欺凌问题的认识和重视程度，营造全社会共同关注校园欺凌、维护儿童和青少年合法权益的良好氛围。

政府应鼓励社会组织、志愿者等力量参与校园欺凌防治工作。通过提供资金、技术、人员等方面的支持，帮助学校建立更加完善的反欺凌工作机

---

① 吴洪成，冯钰蓉. 中学校园霸凌问题浅析［J］. 河北教育（德育版），2021，59（9）：47-50.

制。这些社会组织还可以为学校提供心理咨询、法律援助等支持和服务，帮助被欺凌者及时走出困境。通过加强社会监督，推动社会各界共同参与校园欺凌防治工作，可以形成强大的合力，有效遏制校园欺凌行为的发生。同时，也有助于提高公众对校园欺凌问题的认识和重视程度，为构建和谐社会、促进儿童和青少年健康成长贡献力量。

第五章

防治校园欺凌的
困境与挑战

校园欺凌严重危害学生的身心健康，为遏制校园欺凌事件，党和国家高度重视欺凌治理，一系列防治校园欺凌的措施正在加快推进：教育部、公安部等九个部门于 2016 年印发了《关于防治中小学生欺凌和暴力的指导意见》；教育部、中央综治办、最高人民法院等十一个部门于 2017 年联合印发《加强中小学生欺凌综合治理方案》，提出建立防治长效机制，构建最阳光、最安全校园；教育部于 2021 年印发《防范中小学生欺凌专项治理行动工作方案》，提出进一步摸排工作死角，建设平安校园、和谐校园。这一系列举措取得了一定成效，但仍是"按下葫芦浮起瓢"，校园欺凌事件频发，其属性由校园事故转化为社会问题。

在多元社会背景下，校园欺凌防治面临诸多困境。防治校园欺凌，究竟难在哪里？时代的发展又为解决这一问题带来了哪些挑战？本章我们将深入探讨防治校园欺凌中面临的困境、挑战及未来的发展趋势，旨在为营造安全、和谐的校园环境提供有力的理论支持与实践方略。

一、多元社会催化校园欺凌困境

现代社会是一个多元社会。这个多元是指在社会中各个领域的多元化，包括价值观、文化、信仰、消费观、工作、审美、生活方式、教育、兴趣、居住等。生活在这样的社会中，人们能享受到丰富的文化多样性，激发更大的创新和创造力，显示出更强的韧性和适应能力。

然而，文化差异、价值观差异等也可能导致社会冲突、文化隔阂、经济不平等、适应压力等。例如，多元的价值观容易让人滑向虚无的境地，让人在不同的价值观中迷失自己，无法确定活着的意义，也极可能引发分歧和矛盾，甚至会导致社会不稳定。多元化的社会为我们带来了许多益处，但同时也伴随着一些挑战，校园欺凌就是其中不可回避的"副产品"。

（一）社会转型时期多元价值观冲突

目前，我国正处于社会转型时期，既是一个经济高速发展，推进工业化、城市化的急剧社会变革过程，又是一个社会问题复杂丛生，极易产生社会动荡的关键时期。改革开放的加速和市场经济的迅猛发展使原有的社会价值观受到严重的冲击，利益多元化催生了价值观的多元化。多元文化和价值观相互碰撞产生了一定的利益冲突和社会失范现象，各种矛盾和问题不断涌现。针对学生而言，他们的求知欲望强烈，容易接受新事物，所以很容易受到各种价值观的影响和冲击，很可能因为对不同价值观的不理解或不认同而产生冲突，进而演变为校园欺凌行为。

（二）家庭结构变化与教育缺失

受社会转型时期多元价值观的冲击，家庭结构也发生了较大变化，进而对儿童和青少年的成长产生了深远影响。特别是单亲、重组及留守儿童家庭的增多，导致部分孩子在成长过程中缺乏稳定的家庭关爱和有效的教育引导。生活在这些家庭环境中的孩子可能面临情感缺失、心理压力大等问题，从而影响其性格和行为的发展。一些家长由于工作繁忙或教育观念落后，对孩子疏于管教或过于溺爱，没有培养孩子良好的道德品质和行为规范。还有些家长自身存在暴力行为或不良习惯，给孩子树立了负面榜样，增加了孩子产生欺凌行为的风险。

此外，单亲家庭、重组家庭，以及留守儿童家庭的孩子缺乏父母的关爱和保护，可能导致缺乏正确的家庭教育和价值观引导。这些孩子性格内向、胆小怕事、自卑焦虑，缺乏自我保护意识和能力。他们可能会感到孤独和无助，缺乏自信，更容易成为欺凌者的目标。

错误的家庭教育可能会造就有性格缺陷的孩子，这也极易滋生校园欺凌。部分家庭对孩子过于溺爱，孩子一出生就生活在家庭构建的层层保护网中，看似呵护着孩子童年的成长，也遮挡住孩子可能遭受的挫折和坎坷。孩子生活在家庭"襁褓"中，受到无微不至的保护。这种模式培养出的孩子容易形成自私与冷酷的个性，使其在遇到冲突时不能理性解决，而是率性而为不顾后果。家长们也担心孩子在外遭受挫折或蒙受委屈，往往会要求孩子在发生冲突时敢于出击，不要退缩，以免吃了眼前亏。这种思想意识上的怂恿和默许，会间接导致欺凌现象增多。

（三）畸形保护与教育惩戒手段的削弱

随着社会主义民主法治建设的推进，民主法治观念不断得以强化，家长和社会对未成年人的保护已经上升到一个空前的高度。"棍棒底下出孝子"的传统观念已被很多家长抛弃。而且，家长要求教师也要"与时俱进"，在学校里，教师稍有不慎就有可能被家长们投诉。"严师出高徒"逐渐丧失了市场，教师惩戒权正在悄然丧失。教育惩戒权的丧失，让教师面对学生违规不敢管、不能管、不想管，导致校园欺凌得不到有效遏制。教育作为民生的热点话题被社会广泛关注，一些教师缺乏职业道德的案例被舆论片面放大，削弱了教师群体的权威感。没有对教师的尊重和感恩，师生之间、教师与家长之间的关系也日趋微妙起来。在教育民主泛滥之下，学校和教师不再敢轻易处分学生。当教育失去了必要的惩戒功能后，畸形的保护导致教育也就只剩下"教育"了。当高悬在学生头顶的"达摩克利斯之剑"被摘除之后，"小霸王"们的任性有了更多的施展空间，使他们在实施霸凌和暴力行为时变得无所畏惧，并在惩戒手段的日益退缩中益发强大起来，严重影响了学校的正常教育秩序与校园和谐。

（四）歪曲的成才观助长了畸形心态的发展

教育的本质是为了促进人的全面发展，但在多元社会下，一些歪曲的成才观助长了畸形心态的发展，如升学率成为评价学校教育质量的重要标准。社会对升学率的崇拜导致学校对分数的崇拜，过分看重学生分数而轻视品德培养，对学生的评价方式、标准单一。当成绩好的学生参与校园欺凌事件时，一些教师往往"睁一只眼闭一只眼"，这无形中纵容了这些学生的不良行为。相反，那些学习成绩不好的学生，由于得不到教师和同学的关心和认可，一方面，他们会试图寻求机会（往往通过欺凌他人）来证明自己的存在；另一方面，他们缺乏自信、自暴自弃、破罐破摔，这是此类学生实施欺凌行为的重要原因。

（五）学校教育的压力与局限

在应试教育的压力下，学校往往将更多的精力放在学生的学业成绩上，忽视了品德教育、心理健康教育和法制教育。一些学校的品德教育流于形式，评价体系单一，未能客观反映学生道德品行变化。学生缺乏尊重他人、关爱他人、宽容他人的品质，容易产生欺凌行为。学校缺乏明确有效的反欺凌规章制度，对欺凌行为的界定不清晰、处罚措施不具体，导致学生对欺凌行为的后果认识不足。部分教师缺乏对校园欺凌的敏感度和专业知识，不能及时发现和处理欺凌事件。在处理方式上，可能过于简单粗暴，仅仅对欺凌者进行批评教育，而没有深入了解背后的原因和对被欺凌者进行有效的心理辅导，继而欺凌者与被欺凌者在经历身心创伤后得不到及时干预、修复和转介，导致矛盾扩大。此外，一些学校往往以息事宁人的态度面对校园欺凌事件。例如，明明有学生在言行上遭受了暴力，但在校方看来只是寻常"打闹"。一旦出了事，首先想到的是别"外传"，内部解决就行，减少校园欺凌给社会层面带来的不良影响，导致问题得不到根本解决，反而愈演愈烈。被欺凌者往往认为学校无法保障其自身权益，出于内心的恐惧及法律知识的缺乏，陷入越不敢说越被欺负的"欺凌漩涡"。

二、时代发展带来的挑战

在时代发展的进程中，防范校园欺凌面临着新的挑战。对校园欺凌予以有效治理，既是维护未成年人正当权益的重要举措，也是未成年人法治建设的有机组成部分。

近年来，一些恶性的校园欺凌案件不时刺痛人们的神经，给社会敲响了警钟。校园欺凌不是无关紧要的"玩笑""闹剧"，必须多方面协同治理，采取有效措施应对新的挑战，为儿童和青少年营造一个安全、健康的成长环境，避免悲剧再次上演。

（一）网络时代的复杂影响

随着互联网的迅速发展和社交媒体的普及，网络欺凌成为一种新的校园欺凌形式，也为防范和治理校园欺凌带来了新的挑战。

在当下网络环境下，上网变得愈加普及和大众化。网上暴力事件（图片、视频、文字）的不断曝光，暴力游戏、低俗影视作品在网络泛滥成灾，各种不良的信息和扭曲的价值观充斥着各大网络平台，心智还不成熟的学生很容易受到这些信息的影响，甚至做出极端的行为。

此外，社交媒体的普及使欺凌行为不再局限于校园内的面对面互动，网络欺凌如恶意评论、传播谣言、隐私泄露等现象日益增多。网络欺凌具有匿名性、传播速度快、影响范围广等特点，不仅对被欺凌者的心理造成严重的伤害，而且给监管和干预带来了极大的困难。被欺凌者可能在短时间内遭受大量负面评价和攻击，而欺凌者却能轻易隐藏自己的身份，逃避责任。一些人认为"网上欺凌"不易受到法律制裁，所以把网络作为欺凌他人的平台，在网上威吓、羞辱和折磨他人。

（二）社会压力与竞争加剧

在当代社会高速发展和竞争激烈的背景下，儿童和青少年群体正承受着前所未有的心理压力。这种压力主要来源于三个方面：一是学业压力。现行教育体制下繁重的课业任务、密集的考试安排及升学竞争的多重压力，使学生长期处于高强度学习状态。二是家庭压力。不和谐的家庭氛围、紧张的亲子关系及过高的家长期望等因素，都可能对学生的心理健康产生深远影响。三是社交压力。同辈群体间的竞争攀比、复杂多变的人际关系及社交媒体的普及应用，都在无形中加剧了学生的心理负担。这些压力因素相互交织、彼此强化，构成了当代学生面临的主要心理挑战。

校园欺凌与学生压力之间存在着密切关联。首先，压力过大容易导致学生情绪不稳定，从而增加了其参与校园欺凌行为的可能性。其次，学生在承受过大压力的同时，也会失去控制自己情绪的能力，这可能导致他们对同学产生暴力倾向。此外，学生在面对巨大压力时，往往缺乏正确的情绪调节方式，一些学生可能会通过欺凌他人来发泄情绪。一些学生为了在学业、社交等方面取得优势，可能采取欺凌他人的方式来提升自己的地位。同时，社会对成功的定义过于狭隘，也可能导致一些学生产生自卑感和挫败感，从而选择通过欺凌他人来寻求心理平衡。

（三）校园欺凌频发日趋低龄化

随着时代的飞速发展，现在的孩子获取知识和经验的能力远超我们的想象，有些未成年人看上去稚气未脱，但实际上心理素质和掩饰能力超过一般成年人。

一般而言，未成年人的心智发展尚未成熟，对是非善恶、对错的认知有限，如果缺少父母、长辈或者社会力量及时的关心、正确的引导和教育，他们可能会受到不良因素的影响，从而误入歧途，甚至走上犯罪的道路。对于实施校园欺凌的未成年人，我们既要坚持教育、感化、挽救的方针，保护他们的合法权益，还要通过法制实践，发挥震慑功能，做到罚当其罪、宽严相济。

（四）法律法规的滞后与执行困难

随着社会对校园欺凌问题的重视程度不断提高，国家陆续出台了一系列相关法律法规和规范性文件，展现了坚决治理校园欺凌的意志和决心。这些法律法规和规范性文件系统地界定了校园欺凌的内涵、表现形式、预防机制、惩处机制与法律责任等内容，依据欺凌行为的严重程度和所涉及的法律性质，给予欺凌者相应的惩戒，给予受害者充足的救济。但从法律层面来说，现行的有关未成人的法律，对学生欺凌并未做出明确规制，我国至今尚未出台专门针对学生欺凌的法律，因此在实际执行过程中仍存在一些困难和挑战。一方面，校园欺凌防治的法律层级较低，治理的责任主体不清晰；另一方面，校园欺凌行为存在"界定难、取证难、处理难"等问题，以及受害者维权意识不强、证据收集困难等，使欺凌者的"欺凌成本"小到可以忽略不计，不足以约束自己的行为，认识不到欺凌行为的巨大危害性和严重后果，也影响了法律效果的发挥。一些欺凌者虽然造成了严重的社会危害，却很难对他们施以有效惩罚，导致发生学生欺凌时惩戒手段不多、惩戒不严、力度不够。

综上所述，面对时代的发展，防范校园欺凌的挑战是多方面的，需要政府、学校、家庭和社会协同治理，做到早预防、早发现、早处理，任何一方都不能缺位，也不能"和稀泥"。政府应制定和完善法律法规，加强执法力度；学校应加强管理、教育和引导，纾解学生面临的各种压力，培养学生的同理心和道德责任感；家庭应关注孩子的心理健康和成长需求，给予足够的关爱和鼓励；社会应营造和谐友善的氛围，加强网络管控，减轻不良文化的影响。只有这样，我们才能共同守护孩子们的健康成长环境，让校园成为他们快乐学习、安全成长的乐园。

三、预防和矫正校园欺凌行为的趋势

（一）早期干预与预防为主

防范校园欺凌，需要充足而尽心的教育。未来，防治校园欺凌将更加注重早期干预和预防。学校应加强校园欺凌教育，从学前教育阶段开始就将培养孩子的良好品德、社交技能和情绪管理能力纳入教育体系，通过课程教育、主题班会、校园宣传等形式普及校园欺凌的相关知识，引导学生树立正确的价值观，增强学生的防范意识和自我保护能力。学校应建立校园欺凌举报渠道，为学生提供安全、便捷的举报通道，保护受害学生的合法权益，鼓励学生积极举报校园欺凌行为，加强校园欺凌的监督和管理。学校应建立校园欺凌监测机制，定期开展校园欺凌调查和评估，了解校园欺凌的发生情况和趋势，及时发现问题，制定相应的预防和干预措施。学校需强化家校合作机制，应加强与家长的沟通与合作，共同关注学生的心理健康和行为问题，共同预防和干预校园欺凌现象。

（二）技术手段的应用

随着科技的不断进步，各种技术手段将大规模应用于校园欺凌的防治工作中。

目前多数学校达到视频全覆盖，但是个别特殊场所（如厕所、洗漱间）涉及学生隐私，无法安装摄像头，容易发生学生打闹、校园欺凌现象。对此，学校可安装智能语音警报装置，通过声音来识别谩骂、殴打等信息，并发出预警，起到预防与震慑作用。学校还可以利用 AI 技术对监控视频进行实时分析，识别欺凌行为，当系统识别出欺凌行为时，自动发出警报，并通知相关管理人员进行处理。学校还应建立校园匿名举报系统，提供校园欺凌举报热线、"防欺凌校长网络信箱"等，鼓励学生通过现代化工具举报欺凌行为，保护举报者的隐私，解决一些学生受到欺凌时不敢将遭遇讲出来的情况，让学生有更多的途径申诉和求救，避免其受到报复。学校还可以通过人脸识别技术，在校园入口、重点区域设置人脸识别摄像头，对进出校园的人员进行身份验证，禁止非校园人员进入，对校园内的不良行为进行追踪和制止，降低欺凌事件的发生概率。学校还可以利用大数据分析技术，收集校园内的各类数据，对学生的行为数据、社交网络关系等进行监测和分析，提前发现潜在的欺凌风险，并及时采取预防措施。

（三）重视心理健康教育

预防校园欺凌需要综合运用心理健康策略，通过增强未成年人的心理素质与情绪调节能力，全面解决潜在的心理问题。近年来，随着社会的快速发展，社会压力的增加和未成年心理问题日益凸显，引发了教育理念的深刻变革，心理健康教育在学校教育中的地位明显提高。

学校应建立心理咨询室，配备专业的心理咨询师，为学生提供心理咨询和辅导服务。学校应开设专门的心理健康课程，并将其纳入学校课程计划。学生通过课程系统学习情绪管理技巧、压力应对策略和有效的沟通方法，从而更好地纾解自己的情绪，减少暴力行为的发生。

学校应开展心理健康筛查工作，及时了解学生的心理健康状况，进行数据分析与处理，建立心理健康问题学生台账，一人一档，实行保密制度，安排相应年级心理健康教师定期进行追踪回访，密切关注学生的身心发展状况，并且有针对性地开展个体咨询、团体活动、专题讲座等各项工作。同时，采用聊天谈心、家校沟通、及时干预和治疗等方式，为学生的身心健康发展保驾护航，预防潜在的欺凌行为。

（四）个性化教育与精准帮扶

要想铲除发生校园欺凌的土壤，还需从"心"出发，从健全儿童和青少年心智、培养其品格入手方为治本之策。当然，这需要学校教师更有耐心、更有恒心地针对不同类型的欺凌者和被欺凌者，采取更加个性化的教育和帮扶措施。

对于被欺凌者，学校和政府要及时为其提供精准的心理疏导和支持服务，给予相关学生家长必要的家庭教育指导等，力争减轻欺凌给学生带来的身心伤害，帮助他们恢复自信，重建良好的人际关系。同时，根据被欺凌者的具体情况，制订个性化的安全保护计划，要保障他们在校园内的平等权、生命健康与自由、人格权、隐私权、受教育权等权利。

对于实施欺凌行为的学生，根据其行为性质和情节恶劣程度，应施以相应的惩罚或进行管教。对于一般欺凌者，应通过深入的心理评估和行为分析，了解其欺凌行为的动机和根源，制定个性化的矫正方案，帮助他们认识到自己的错误，改变不良行为模式。将有严重不良行为者送入专门的学校，进行矫正治疗；对涉嫌犯罪的未成年人，要第一时间向公安机关报案，追究法律责任。对接受社区矫正和刑满释放的未成年人，要落实安置帮教措施，在复学、升学、就业等方面依法享有与其他未成年人同等的权利。

（五）跨学科研究与综合施策

校园欺凌问题的复杂性决定了需要跨学科的研究和综合施策。跨学科研究校园欺凌能够整合不同学科的优势，为解决这一问题提供多维度的思路和方法。整合心理学、社会学、教育学、法学、医学等多个学科的研究成果，运用跨学科的分析方法，可以深入解析校园欺凌的发生机制、影响因素与解决策略。通过不同学科的视角和研究成果，可以更全面地理解和应对校园欺凌现象。

心理学关注欺凌者、被欺凌者和旁观者的心理特征及其互动关系。例如，欺凌者可能具有攻击性人格、缺乏同理心、家庭教养方式不当等问题。被欺凌者往往性格较为内向、胆小、缺乏自信，容易成为被攻击的目标。通过对这些心理因素的分析，可以更好地理解欺凌行为的动因和影响，从而制定更有效的干预措施。

社会学主要关注校园欺凌的社会背景及影响因素。通过社会学的研究，可以揭示校园欺凌背后的深层次社会原因，为综合治理提供依据。

教育学强调通过优化教育内容和手段来预防和治理校园欺凌，如开设品德教育课程、培养学生的人际交往能力和解决冲突的技巧。学校要培养学生应对校园欺凌的心理素质与方法，关注学生的行为表现，及时发现并处理欺凌事件。

法学主要关注校园欺凌的法律规范和政策制定。国家通过制定完善的校园欺凌法律法规，明确欺凌行为的定义、处罚标准和责任追究机制，可以对欺凌者起到威慑作用。

医学研究校园欺凌可能给被欺凌者带来的身体和心理上的伤害，对被欺凌者进行身体检查和心理评估，及时发现并治疗身体创伤和心理问题，同时研究校园欺凌对学生身心健康的长期影响，为预防和干预提供科学依据。

（六）国际交流与合作

校园欺凌问题是一个世界性难题，不少国家在治理方面做了诸多有益的探索，积累了不少经验。基于校园欺凌对学生、家庭及社会的危害性，各国立足本国国情，通过建立责任明确的治理体系、采取多元化预防措施、细化干预及处理程序、严格教育惩戒机制、追究欺凌者刑事责任等方式，对校园欺凌进行防治。

世界各国在治理校园欺凌问题上有一些共性价值，这对于我国防治校园欺凌具有重要的启发意义。例如，坚持制度先行，完善反欺凌的法律法规体系；强调教育作用，落实学校反欺凌治理的主体责任；注重父母引导，从家庭出发筑牢反欺凌基石等。总结分析其他国家先进的治理经验，可以为构建有中国特色的校园欺凌防治体系提供有益参考。

综上所述，虽然在多元社会背景下防治校园欺凌面临诸多困境，必须依靠国家政策的引导、企业的技术创新、社会的共同参与和协作，以及教育部门的专项行动等多方面的努力。但我们相信，通过不断完善法律法规、加强教育引导、应用科技手段和整合社会资源等措施，共同构建一个立体化、系统性的预防校园欺凌网络，必然能够有效预防与减少校园欺凌行为的发生，为广大儿童和青少年创造一个阳光、健康、快乐的成长环境。

| 后 记 |

撰写《中小学校园欺凌行为预防与矫正》，犹如展开一场抵御校园阴霾的战役。每当整理一线调研的笔记——那些隐匿于课间操阴影中的沉默、教师办公室里家长泛红的眼眶、孩子们在访谈中欲言又止的眼神——我都感觉肩上的责任感愈发沉重。校园欺凌绝非简单的"孩子间的打闹"，它关乎成长的尊严，关乎每一颗心灵能否在阳光下自由舒展。带着这样的认知，我们在教育学、心理学、法学等交叉领域不断探索，在学校的操场与教室之间求证，只希望为驱散这片阴霾提供一把坚实的"钥匙"。

在这份成果的背后，我最想致敬的是与我一起并肩同行的研究团队成员——于敏章、郭楷、杨艺、陈文权、饶晓旭、唐瑜、文伟、李星月等。我们曾为一个真实案例的使用边界争论到深夜，也曾为一份问卷的措辞反复打磨，因为我们深知每个数据、每条结论都可能关联着某个孩子的明天。大家踏遍了四川省数十所中小学的每一个角落，耐心倾听师生及家长的心声，真实记录下每一个真实的案例。这份"求真"的执着，这份"护童"的热忱，让研究跳出了纸页，有了温度与重量。

在这里，我要感谢四川中小学安全教育与管理研究中心的卢雄主任。从课题立项之初，他便为我们点亮了方向——研究要扎根四川省的土壤，更要贴着校园的脉搏，学术的价值终究要落在对生命的敬畏里。这让我们得以整合全省的教育资源，联结起高校、中小学与社会机构的力量。

　　尽管本书已完稿，但防治校园欺凌的征程仍任重道远。愿这本书成为教育者案头的实用参考书、家长手中的行动指南，更能化作一缕温暖的光芒，照亮校园的每一个角落；愿它能让每个孩子明白，遭受欺凌绝非他们的过错。在驱散阴霾的道路上，我们始终未曾停歇。